AptyCare 福祉現場シリーズ 3

脳活性化のための早期認知症のアクティビティプログラム

高齢者アクティビティ開発センター 監修
(医)川瀬神経内科クリニック デイケアセンター樫の森 著
写真／関根 聡

黎明書房

脳活性化のための早期認知症のアクティビティプログラム

春の陽気に誘われて、近くの公園にお出かけ

デイケアセンター「樫の森」

「樫の森」は「その人が安心していられること、その人に合わせられること」をテーマに、その土地にもともとある植物に囲まれています。木造の建物の床はOMソーラーの熱で暖められ、食や集う人々まで含めて環境が考えられています。

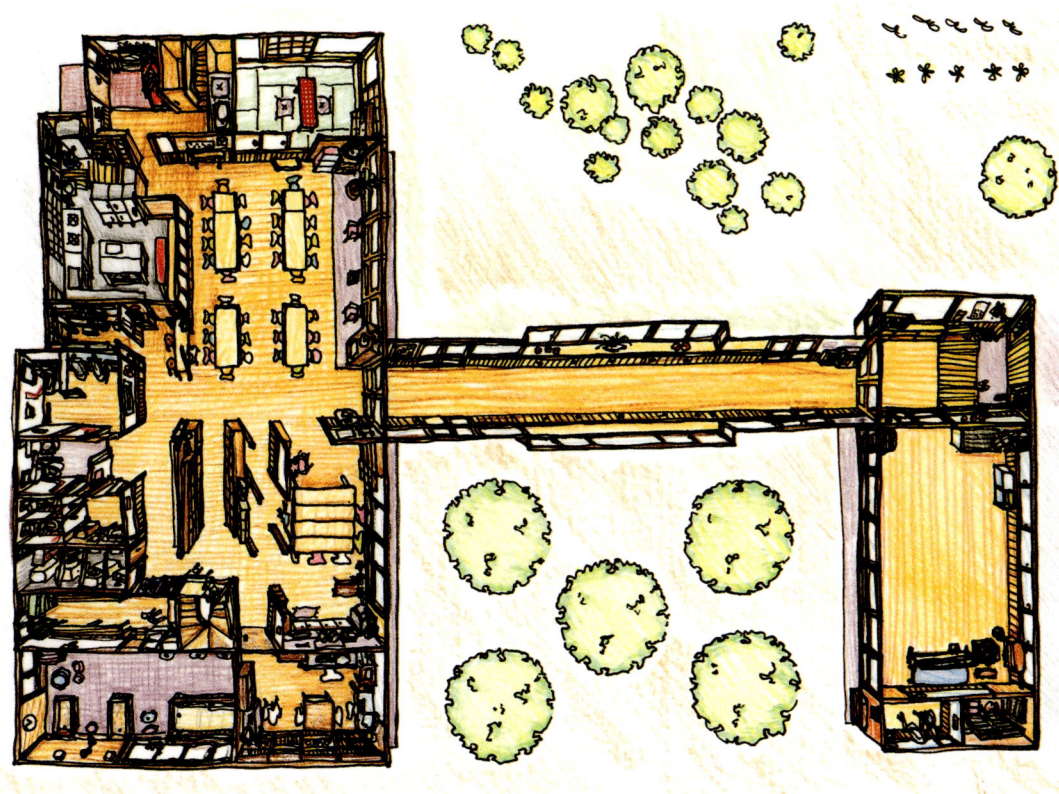

制作から かざりつけ まで

制作だけでなく、かざりつけまで、会員さん（施設利用者）とスタッフが一緒になって力を合わせておこないます（写真は生花プログラム）

多彩にふくらむプログラム

生花プログラムでブーケをつくり、花の楽しみ方の一つとして地域の方からいただいたドレスでおしゃれをして写真を撮りました

造形プログラム

プログラム紹介30〜32頁

ステンドグラス風絵
共同制作の大作！

ひな人形に変身
衣装もセットも造形でつくりました

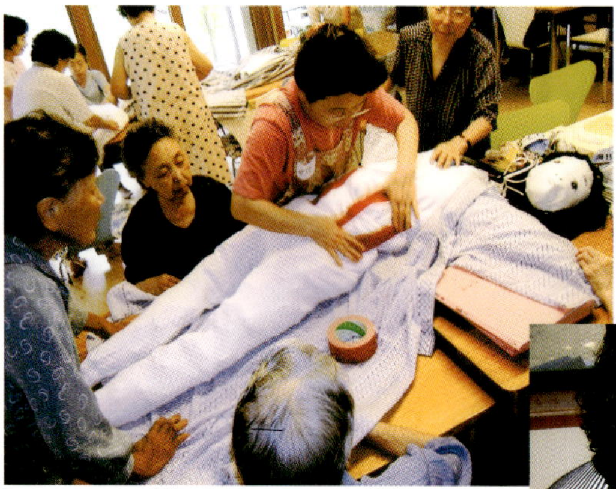

おばけやしきづくり
イベントプログラム「おばけやしき」
（プログラム紹介58〜59頁）の
しかけづくりに気合いが入ります

脳活性化のための早期認知症のアクティビティプログラム

ミュージック・ケア（加賀谷式音楽療法）プログラム
プログラム紹介33〜35頁

ソーラン節 鳴子を持って元気よく！

フラダンス 腰の布とレイで気分が盛り上がります

音楽プログラム
プログラム紹介36〜37頁

ハンドベル 指揮者にひざをたたかれたら鳴らします

歌をうたう チラシでつくった棒を振って指揮者気分

屋内レクリエーションプログラム

プログラム紹介38〜41頁

野球ゲーム

ナイスバッティング！昔のフォームを思い出します

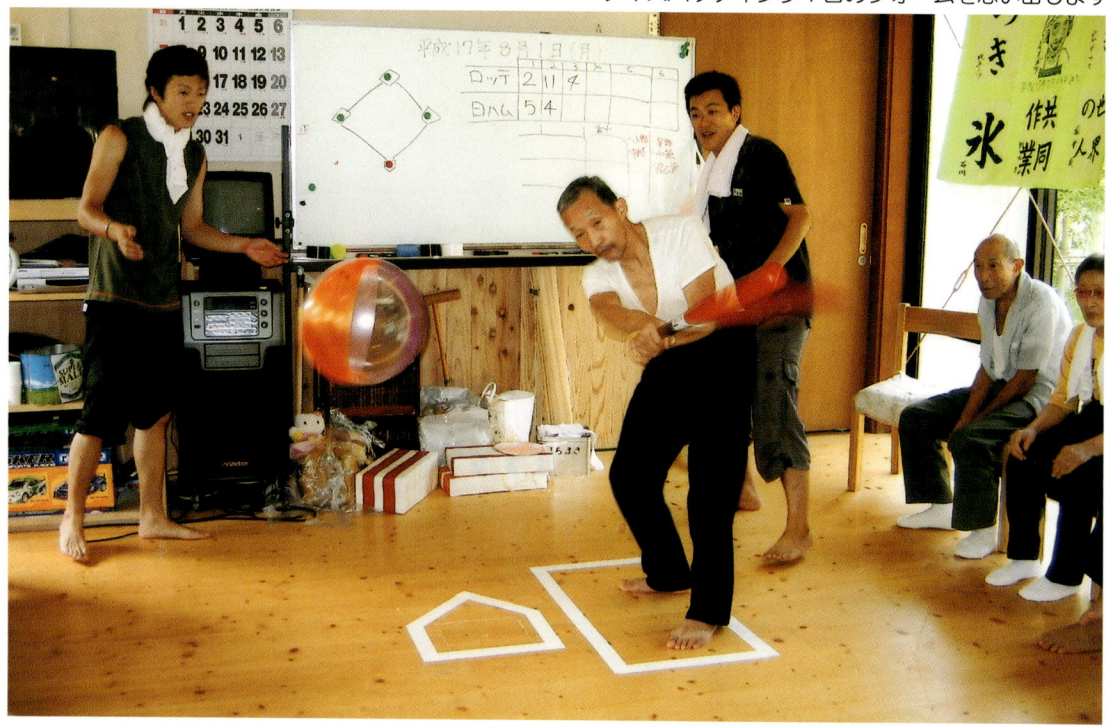

紙飛行機とばし

みんな真剣に紙飛行機の折り方を教わります
激戦を勝ち抜いた方は満面の笑顔！

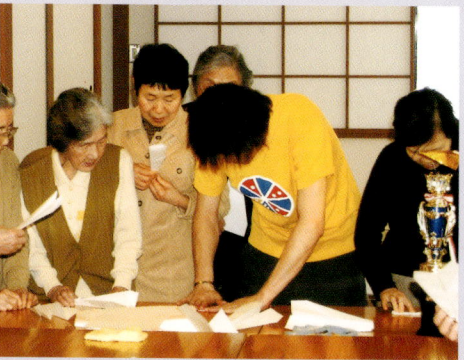

脳活性化のための早期認知症のアクティビティプログラム

童具プログラム
プログラム紹介42～43頁

模様づくり
色とりどりの輪ゴムをピンに
ひっかけて、カラフルな模様
づくりを楽しみます

花火大会
積み木を使って
床一面に花を咲かせます

ドミノ倒し
童具の他に古いビデオテープなども使い、
建物全体にダイナミックに
ドミノを敷きつめます。
最後には倒す楽しみも待ってますよ
（実践紹介42～43頁）

料理プログラム
プログラム紹介 44〜45頁

たくあんづくり 園芸で育てた大根を使って

あんまんづくり
できたてほかほかの
あんまんはしあわせの味

クリスマスケーキ
手づくりケーキが
おいしくできました

新潟名物「笹だんご」づくり

笹だんごづくりは、笹を取りに行くところから始まります。だんごづくりは体が覚えていて、その早業にスタッフもびっくり。

はじめに

　平成8年10月にデイケアセンター「樫の森」を発足するにあたり，何に一番こだわったかというと「自分たちが入りたくなるような場所をつくる」ことでした。私たちが入るなら，「暗いのも規則にしばられているのもいやだ。今まで暮らしていたように暮らしたい。物忘れがひどくなって自信がなくなっても，病気なのだから病気として理解してもらいたいし，決してできないことを非難したり怒ったりしてもらいたくない」。
　そのことをスタッフ全員がいつも自問自答し，みんなで話し合って，外来の医療スタッフの理解を粘り強くとりつけながら創り上げてきたアクティビティプログラムが「樫の森プログラム」です。
　「樫の森プログラム」を私たちは次のように定義づけています。
　1　早期認知症のリハビリである「脳活性化訓練」を「芸術療法」として行っている。
　2　リハビリを受ける方，提供するスタッフ，双方にとっての生涯学習である。
　3　「より善い老後・人生の最後を家族とともに地域の中で全うする」ための社会のセーフティネットの一つであり，医療・生活支援・芸術療法の三重構造となっている。

　我田引水のところもあったし，リスクも高い。しかし，会員さん（施設利用者）たちがイキイキとして，スタッフがのびのびしているのを見ると，「方向は間違いない」と信じてきました。
　あわせて将来に役立てたいと，二段階方式の評価，数値に表せない記録に重点を置いた会員別日誌や各プログラムの記録，視覚に訴える写真は，ていねいに残しておきました。
　第一回早期痴呆研究会では，過去3年間のデータ「改善3割弱・不変4割・悪化3割強」を発表し，浜松医療センター副院長　金子満雄先生から「樫の森プログラム」の効果を評価していただき，今もデータは取り続けています。

　一方，スタッフの健康管理も大切です。とかく現場では，三大介護に追われて身体的・精神的に疲弊し，日々のお楽しみを考える余裕がないのが現状です。
　樫の森に見学に来る方たちが異口同音に「スタッフが明るい」とおっしゃいます。それはスタッフが介護をしながらプログラムを通し，自己表現をしているからなのです。そうすると会員さんも楽しめます。もっとすごいことは，未熟なスタッフを会員さんたちが育てて下さっていること。そのことは会員さん自身の自己表現ともなっているのです（自己表現がいかに参加者ならびにスタッフの意識を変えるかは，本文でご紹介します）。

　しかし「樫の森プログラム」が「川瀬さんのところだからできたのよ」と言われたのでは，なんとも情けなく，これまで参加いただいた多くの会員さんに顔向けができません。「自分たちが入りたくなる場所」は日本中にあってほしい。私たちは「樫の森プログラム」を世に問いたいと願い続け，このたび高齢者アクティビティ開発センターの多大なご尽力により夢が叶うことになりました。もしかしたらあっちの世界で「樫プロ」実践中の会員さんたちが縁を結んでくださったのかとも思っています。「樫の森」職員はもとより会員さんの卒業生（お亡くなりになった方），転校生（入所された方），在校生（現在在籍されている方）の皆様へ，心からの感謝を捧げます。

　　　　医療法人社団　川瀬神経内科クリニック　事務長　川瀬弓子（樫の森プログラム開発担当）

目　次

はじめに　9

第1章　アクティビティプログラムの立て方・進め方　13

1　アクティビティプログラムの必要性　14
　早期認知症のリハビリとしての脳活性化訓練　14
　プログラムスタッフが創る，参加者とともに楽しむ　14

2　アクティビティプログラムの考え方　15
　「プログラム化する」ということ　15
　一斉プログラムと個別プログラムの併用　16

3　アクティビティプログラムを立てるときの心得　17
　心得1　限りなくマンツーマン対応であることを追求　17
　心得2　一人ひとりが楽しく，その人らしく過ごす　17
　心得3　プログラムは参加者が興味を示すものを　17
　心得4　本物志向であること＝スタッフが自信をもって提供するプログラム　18
　心得5　日々成長するプログラムであること　18
　心得6　プログラムスタッフの条件は人が好き，遊ぶことが好き　18

4　アクティビティプログラムを立てる手順　19
　Step1　四季を取り入れてメリハリをつけた，大まかな日程を立てる（年間計画・月間計画）　20
　Step2　各プログラムごとにテーマとねらいを立てる（週別・日別）　21
　Step3　予算をプログラムごとに計上する　22
　Step4　一日の流れがスムーズに行くように，スタッフの役割分担を決める　22
　Step5　一日のタイムスケジュールおよび，配置図をつくる　23
　Step6　プログラム会議にて提案し，配置，リスクなどを検討する　23
　Step7　実践　23
　Step8　プログラム評価　24

5　アクティビティプログラムの効果　25
　脳活性化訓練プログラム評価スケールから見えてきたこと　25
　特別養護老人ホームでのアクティビティプログラムの効果　25
　新規通所者を対象とした樫の森プログラムの効果について（学会発表データ）　26

第2章 アクティビティプログラム実践紹介　27

スペシャルプログラム
　　　よいところさがし　28

一斉プログラム
　　　造形プログラム　（のぼり旗づくり）　30
　　　ミュージック・ケア（加賀谷式音楽療法）プログラム　33
　　　音楽プログラム　（グラスハープ）　36
　　　屋内レクリエーションプログラム　（風船レース）　38
　　　　　　　　　　　　　　　　　　　（サッカーボーリング）　40
　　　童具プログラム　（ドミノ倒し）　42
　　　料理プログラム　（桜アンパン）　44
　　　園芸プログラム　（畑の草取り，鉢の植え替え，見学）　46
　　　シアター（映画鑑賞）プログラム　（ワーナー樫の森）　48

一斉＆個別プログラム
　　　習字プログラム　（リラックスして書こう！）　50

個別プログラム
　　　入浴プログラム　（樫の森温泉）　52
　　　手芸クラブ　（刺し子・折り紙・編み物）　54
　　　リサイクルクラブ　（リサイクル封筒づくり）　56

イベントプログラム
　　　おばけやしき　58
　　　運動会　60
　　　野外レクリエーションプログラム　（カレーライス）　62
　　　バザー　64
　　　誕生会　66

付録　プログラム年間計画表（一覧）　68

第3章 アクティビティプログラム実践Q&A　69

- **質問1** 一人ひとりに対し平等に接しなければと思うのですが，時間がなくて難しいです　70
- **質問2** 季節に沿ったプログラムをと考えていますが，その場しのぎになっています　70
- **質問3** 介護職として，レク担当の日はとても不安に感じます。参加の皆様に楽しんでいただきたいのですが，樫の森スタッフの心構えはどのように違うのでしょうか？　71
- **質問4** アクティビティ専門のスタッフを置くことは施設の現状から難しいのですが，よいアイデアはありませんか？　71
- **質問5** アクティビティプログラム企画の発想のヒントはどこから？　どのように？　72
- **質問6** 毎日のプログラムを計画・実行するのは大変ですし，認知症の方にはのんびりと過ごしていただきたいと思いますが…　72
- **質問7** 計画を立てる時間がないのですが，樫の森ではどうなさっていますか？　72
- **質問8** どのような症状の方にどのプログラムが向くのですか？　73
- **質問9** 男性に喜ばれるアクティビティプログラムはなんでしょうか？　73
- **質問10** アクティビティの予算がないのですが，どのような工夫をしていますか？　73
- **質問11** 動きのあるダイナミックなアクティビティは場所がなくてはできないと思ってしまいます　74
- **質問12** 施設がとても狭いので，アクティビティで制作した物を飾る場がないのですが　74
- **質問13** 地域交流の一つとして，子どもに来てほしいのですが，イベントのみの付き合いになっています　74
- **質問14** ボランティアがなかなか根付かないです。ボランティアにもっと来てほしいのですが…　75
- **質問15** プログラムの評価の必要性がわかりません。大変ではないですか？　75
- **質問16** 在宅で認知症ケアをしている家族に対して，どのような対応をなさっていますか？　75

共同研究報告　「脳活性化訓練プログラム評価スケール」による評価について
　　　　　　　　－脳活性化訓練（アクティビティ）プログラム評価をつくる－　76

付録　プログラム週間計画表（午前・午後）　80
　　　　樫の森プログラムシート　81
　　　　脳活性化訓練プログラム評価スケール（改良版）　82

おわりに　83

第1章
アクティビティプログラムの立て方・進め方

　樫の森では，アクティビティプログラムに参加することで感性豊かに右脳を刺激し，仲間づくりを進めながら心身機能の維持と認知症の進行の予防をめざしています。
　認知症の方だけでなくスタッフの笑顔を引き出すアクティビティプログラムの必要性や心得，計画の手順を紹介します。

1 アクティビティプログラムの必要性

早期認知症のリハビリとしての脳活性化訓練

　認知症は，だれもがなりたくないもの，でもだれにでもおこりうる脳の病気です。

　ならない工夫を最善に尽くしても万一なってしまった場合，「人」が「人」として安心して暮らせるよう，本人も含め家族や医療・介護の専門家は一日一日をどう過ごすかを考え，人が人であるならば，「春は花見にも行くだろう。夏は海にも行くだろう。秋は紅葉狩りにも行くだろう。冬はスキーにも行くだろう」を実践していかねばなりません。

　そのとき，刻々と進行していく病気に対して，つまりどんどんできなくなっていく現実と向き合うとき，できないことをできるように，なんとかがんばろうとすることは，本人にとっても家族にとっても介護するスタッフにとっても辛いことです。

　デイケアセンター「樫の森」では，早期認知症の方を対象に「アクティビティプログラム＝脳活性化訓練」を行い，精神機能の維持・改善をはかり，認知症の進行を遅らせ，少しでも家族と過ごす時間が有意義となるようにサポートしています。

プログラムスタッフが創る，参加者とともに楽しむ

　現在実践しているアクティビティプログラムは，介護職の殻を破って，自己表現ができるようになった「プログラムスタッフ（当法人オリジナルのネーミング）」がそれぞれの個性を活かし，創造してきたもので，認知症の方の感性にはたらきかけ，右脳を刺激し，「笑顔」「つながり」「集中力」「達成感」「創造力」「意欲」の湧き出る芸術療法となっています。プログラムは，単なる時間つぶしや問題解決型ではなく，スタッフも参加者もともに，自己表現（アート）する場でもあります。それを私たちは「芸術療法」と考えました。

　プログラムを行うにあたっては，スタッフと参加者の間に上下関係が生じないようスタッフに役割をつけるなどの工夫（22頁）をし，「ともに楽しむこと」を第一としています。つまり，スタッフ自身が楽しめるプログラムでなくては，相手に楽しさは伝えられないからです。プログラムを楽しむことから，体験する喜び，知る喜び，学ぶ喜びなどが生まれ，認知症になってからもなお学び続ける生涯学習の場でもあると思います。

2 アクティビティプログラムの考え方

「プログラム化する」ということ

　樫の森の実践の中から，プログラムを円滑に行うには，関わるスタッフ同士が目指す方向を同じにしなければならないことを学びました。

　そのために，プログラムのことを考え，職種（プログラムスタッフ・看護師・理学療法士・作業療法士・栄養士など）を超えて意見交換を行い，方向を一致させる時間として，毎月2時間半のプログラム会議を設定しています。

　プログラム会議においては，リスクマネジメントの面から「①**テーマ**を決める　②**計画**を立てる　③**実践**する　④**評価**する」過程を検討します。

　この過程を「プログラム化する」と言います。

　また「プログラム化する」ことは，なにか問題がおきた時の解決の手法としても使うことができます。

　例えば，拒否の多い入浴の問題解決として，入浴を「プログラム化」します。

①**テーマ**：入浴は，単なる清潔保持だけではなく，肌と肌のふれあうコミュニケーションの場とし，楽しさをアピールする。

②**計　画**：温泉気分を演出するために，季節の花や果実などをお湯に浮かべ，窓や壁にはそれらしい雰囲気の小物をレイアウトし，BGMを流す。
　　　　　　さらに拒否する方には，「背中の検査です」という看護師の声かけを行い，脱衣所へ誘導。ビショップ（22頁）が服を脱がせるとすんなりと入浴，また乗り気な方と乗り気でない方をセットにしてお誘いし，なんとなく入浴，など工夫を凝らす。

③**実　践**：毎回，キング・ビショップ・ナイト（22頁）を配置し，タイムスケジュール及び配置図も作り，リスクに備え，実施する。（23頁）

④**評　価**：随時，「プログラムシート」にて評価する。（24頁）

一斉プログラムと個別プログラムの併用

　認知症の対応には，小規模で気の合った人たちの集まりがよいとされていますが，そうとばかりもいえないのではないか？　というのが私たちの実感です。認知症の方が初回からプログラムに積極的に参加されることは一般的ではありません。みなさん，「何をするのかしら？」「何をされるのかしら？」と恐る恐る参加されます。

　また，樫の森でも初期の頃は，スタッフは少しでも通常と違う空気が入ること（例えば病院の外来スタッフが制服で来る，外部からの見学者が訪れるなど）に大変神経を使いましたが，実績を積んできたスタッフと，プログラムを楽しんできた参加者が共に創り上げてきた「場の力」が育ち，ちょっとのことではゆらぐことはなくなりました。

　基本的には，日々，全員で参加する「一斉プログラム」が行われています。必要や希望に応じて「個別プログラム」も一斉プログラムと同時に，また空いた時間に行います。

●一斉プログラム（30～51頁）

　参加している認知症の方もスタッフも大いに盛り上がっていますから，やったことのないことでもついつい乗せられてやってしまい，またみんなからほめてもらい，その気になってしまう，ということで，認知症の方が不安に陥るちょっとしたゆらぎは，どこかへ消えてしまうようです。

　どうしても「場」に入りきれない方には，ナイト（22頁）がマンツーマン対応し，居心地が悪くならないよう配慮します。結果的には，無理にプログラムに参加しなくても，ありのままの自分を受け入れてもらえた，という安心感は残り，次へつながるのです。

●個別プログラム（50～57頁）

　個人の興味に対応して，好きな人が好きなだけ行う「クラブ活動」として同時進行で実施しています。カラオケ，将棋などのほかに，樫の森工房（お仕事クラブ）があります。

　樫の森工房の内容は，バザーの商品づくり（刺し子ふきん，編み物，手芸品など），実務用品づくり（暑中見舞い・年賀はがき用ちぎり絵はがき，リサイクル封筒），外部からの依頼によるイベント用の飾り（幼稚園展覧会の輪飾り，コンサートの垂れ幕の飾り，お茶席券の色塗りなど），畑仕事，草取りなど，生産性の高いものも含まれます。

　介護施設は，社会から切り離された状態にあるのではなく，町づくりの仲間として，普通の町並みの中で存在したいと思います。

　また，アクティビティが単なるお楽しみだけではなく，換金性はなくとも生産性を感じ取れるものであれば，認知症になっても社会の一員として社会貢献をしている実感を持てるのではないでしょうか？　今後のアクティビティへの示唆としたい，と思います。

第1章 アクティビティプログラムの立て方・進め方

3 アクティビティプログラムを立てるときの心得

　樫の森開設以来，認知症の在宅ケアの一部をお手伝いする施設として，「その日一日をどう過ごすか」を問い続け，実践を積み重ねてきました。「限りなくマンツーマン対応」「一人ひとりがその人らしく過ごせること」「介護している私たちが入りたくなる場所を創ること」をコンセプトとし，ゼロからプログラムを創りあげてきました。

心得1　限りなくマンツーマン対応であることを追求

　限りなくマンツーマン対応とは，**一人ひとりにあった対応を心がける**ということです。そのためには，参加者の背景を熟知することが大切です。私たちは，見学にいらしたご家族に，ご本人の生い立ちや職歴，趣味などをお聞きします。ケアマネージャー情報の「居宅サービス計画書」「通所リハビリテーション計画書」なども参考にします。

> **不公平を恐れないことも大切**
> 　ある日，梨狩りに行くことになり，日頃外出しにくいと思われる足の不自由な方をお連れしたところ，その方は車から一歩も出ず，「こんなところには来たくなかった」と言われました。
> 　スタッフの一人は少々大人げがありませんが，「もう連れてってやらない」と感じたのです。
> 　スタッフでよくよく話し合い，考えた結果，大変シンプルな解決策を見つけました。つまり「行きたくない人は出かけない。行きたい人が出かける」というもの。本当に行きたかった人が出かけて帰ってくると，満足感のあるとても楽しい雰囲気が，残っていた人にも伝わります。行きたい人へのマンツーマン，行きたくない人へのマンツーマン，それでよいのだと考えました。これは施設にとって不公平な考えでしょうか？「あまねく広く公平に」は本当に公平か考えたいものです。

心得2　一人ひとりが楽しく，その人らしく過ごす

　認知症の方は自分が何をできるか承知しています。ひとつのプログラムの中でも，自分のできることを探し出して関わってください。
　なかなか手を出そうとしない方には，その方のできることをお願いしてみたり，それでも嫌がられるときは見ていただくだけでもよいのではないでしょうか。その場に一緒にいるだけでも刺激になるのです。十人十色の歴史をお持ちの参加者に，同じ参加スタイルや同じ作品のできばえはありえないと思っています。

心得3　プログラムは参加者が興味を示すものを

　プログラムには，参加者が興味を示すものを積極的に取り込んでいます。嫌いなことをさせら

れるのは苦痛ですから，基本的には本人のペースで，一番好きなこと，やりたいこと，心地のよいことなどを中心にすすめます。ご自分の好きなことをしていただくのですから，それぞれの楽しみ方があって当然で，公平，不公平はありません。それを大切に考えています。くり返しになりますが，そのためには参加者の背景を熟知することは欠かせません。

心得4　本物志向であること　＝スタッフが自信をもって提供するプログラム

　先に園芸療法・音楽療法ありきで，スタッフが自信のもてないままプログラムを行うのはいかがなものでしょうか。スタッフが自分のプログラムを好きでなければプログラムは成立しません。樫の森では，スタッフの興味のあるものを参考に「プログラム化」しています。スタッフの個性から生まれたプログラムは，楽しさが伝わり人の心に響く「本物」のプログラムとなります。

　人生を生き抜いて来られた大先輩である参加者にとって，子どもだましは通じません。すぐに見抜かれてしまいます。プログラムが乗らなかったり，しりすぼみになったりするのは，プログラムをリードする人＝キング役（22頁）の姿勢にあると言い切ってもよいと思います。しかしキング役になる人が必ず熟達した技をもっている必要はありません。プログラムを行いながら，人生の大先輩である参加者の胸をお借りし，成長していけばよいのです。

心得5　日々成長するプログラムであること

　だからといってスタッフの好きなプログラムを押しつけてはいけません。参加者，一人ひとりに合わせて，プログラムは常に成長し続けるものです。完成形にこだわらず経過を楽しみましょう。結果も一つではありません。なぜなら，私たちは一人ひとり異なるからです。「失敗」なんてない！　「失敗した」と思ったら，翌日変えていけば，それでよしです。経過を楽しみながら，変化をこばまないで，結果を全て受けとめましょう。

　ただし，リスクに関しては事前にプログラム会議を行い，職種を超えたスタッフ同士で，徹底したリスクマネジメントを行います。安全であってこそ，プログラムは楽しいのです。そのためにはチームワークが重要で，一緒に動いてくれるスタッフが何よりも宝です。

心得6　プログラムスタッフの条件は人が好き，遊ぶことが好き

　樫の森の「プログラムスタッフ」は，最初は素人の集まりでした。プログラムに素人であるばかりか，医療・福祉にも素人でした。ただし①人が好きな人，②遊ぶことが好きな人，③前出の２点を備えていれば年齢・キャリア不問（施設内に異年齢集団を再構成するために），という条件は全員クリアしていました。

4 アクティビティプログラムを立てる手順

　初めにその年の大きなテーマを決め，四季の変化や行事なども考慮に入れて，年間計画，月間計画を立てます。各プログラムは，それぞれ担当するプログラムスタッフが具体的な週別，日別プログラムに落とし込んでいきます。

　週間プログラムは，1週間同じテーマを日ごとに少しずつ変化させながら，繰り返して行います。このことによりプログラム内容がゆったりとした包容力のあるものとなり，脳活性化訓練として効果を上げていきます。さらにスタッフの質を向上させ，スタッフの自信につながります。

　また驚くべきことに，参加者の側にも質的向上は見られ，自信もつき，よって「場」の力も育っています。

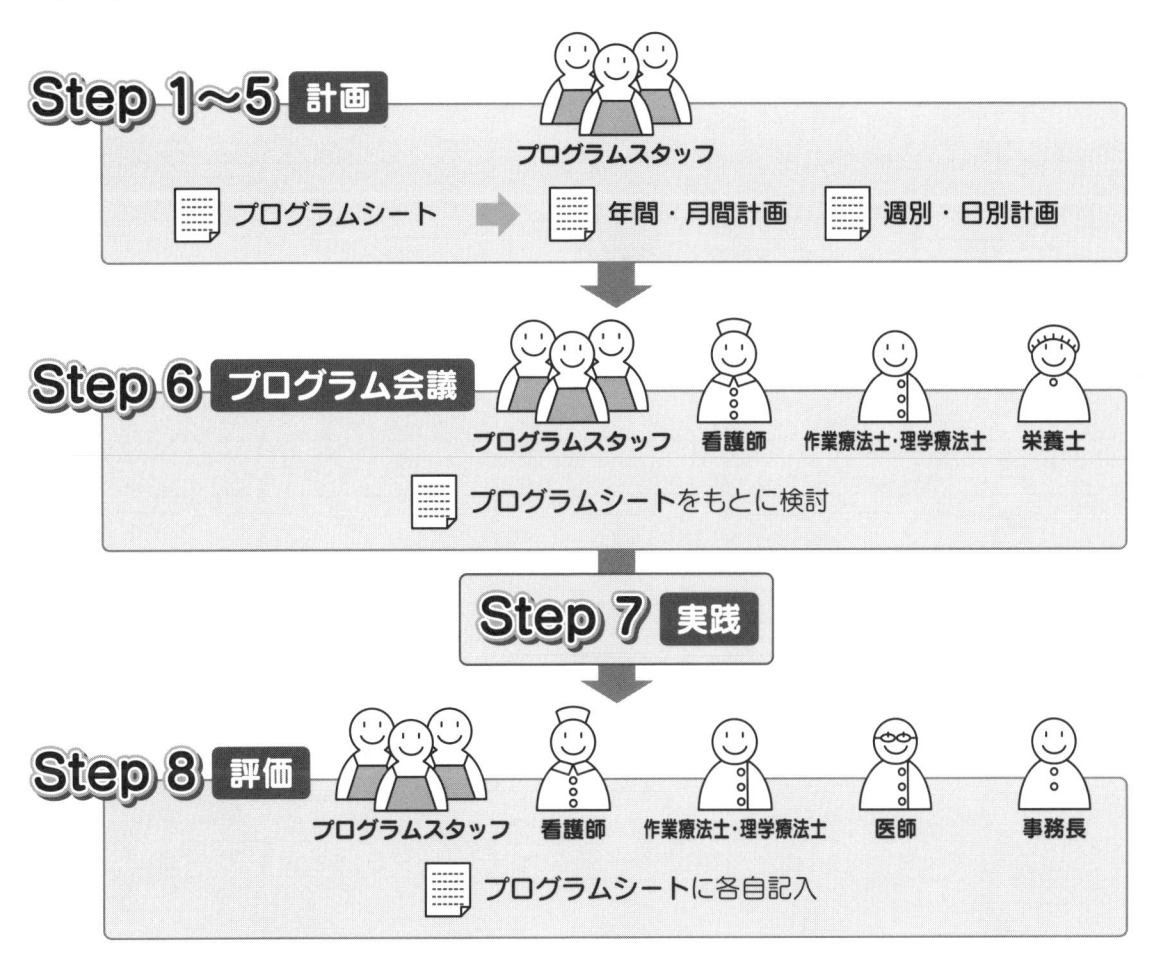

Step 1〜5 計画
プログラムスタッフ
プログラムシート → 年間・月間計画　週別・日別計画

Step 6 プログラム会議
プログラムスタッフ　看護師　作業療法士・理学療法士　栄養士
プログラムシートをもとに検討

Step 7 実践

Step 8 評価
プログラムスタッフ　看護師　作業療法士・理学療法士　医師　事務長
プログラムシートに各自記入

プログラムの立て方

Step 1　四季を取り入れてメリハリをつけた，大まかな日程を立てる
（年間計画・月間計画）

　スタッフはプログラム会議（月1回2時間半）にて下記のことを話し合います。

①年間予定（文化祭，バザー，展示，演芸会など）をふまえて全体の年度テーマを決め，各プログラムスタッフがプログラムの年間テーマを決めます。スタッフ全員の気持ちを一つにし，年度途中で迷いが生じた場合，立ち戻るスタートライン（原点）となります。

②メリハリをつけるために，季節や行事などを参考に月間テーマを決めます。

　スタッフは，各自のプログラムシート（24頁）に年間・月間テーマ，内容を記入し，コピー，切り貼りをして年間計画一覧をつくります。

Step 2　各プログラムごとにテーマとねらいを立てる（週別・日別）

プログラムスタッフごとに週別・日別の計画を立てて，各自のプログラムシートに書き入れます。さらにプログラム週間計画表に転記し，一覧（下記）をつくります。ひとつのプログラムは１カ月のうちの１週間続けて行い，同じプログラムを少しずつ変化させながら繰り返し実践します。その日の参加者に合わせてイメージした曜日別テーマを，その方の個性を活かすように立てます。１人の参加者に合わせてもよいです。

午前

平成18年　9月　樫の森（AM）かわせみ PM　プログラム

確認印：18年 9月 6日 院長 印／18年 8月 5日 PT前田標理 印／担当 若林 布施 石川

	テーマ（年間）	テーマ（月間）	内容	月曜日	火曜日	水曜日	木曜日	金曜日	土曜日	ねらい	予算
第1週	創造しよう	いろんな秋に手を出そう	音楽 野水	8/28	29	30	31	9/1	2		¥
第2週			入浴 庄司	4 おだ まだ	5 暑いですね	6 初秋らしく	7 月見	8 風呂てー	9 さっぱりしよう	お風呂お月見をしよう	¥2,000 装飾代
第3週			料理 小林	11 スイートポテト さつま芋の出身地の話	12 スイートポテト さつま芋の食べ方の話	13 スイートポテト 世界のさつま芋の話	14 スイートポテト さつま芋の種類の話	15 スイートポテト さつま芋の栄養の話	16 ×	やっぱり秋はさつま芋 スイートポテト作り (PT) さつまいも博士をめざしましょう。しっかりお味も楽しみましょう。	¥
第4週			習字 中村	18 ×	19 色紙に秋を書きましょう 紅葉 どんぐりなど	20 色紙に秋を書きましょう りんどう 秋 など	21 色紙に秋を書きましょう お月見 すすきなど	22 色紙に秋を書きましょう 菊 あけびなど	23 色紙に秋を書きましょう 萌香 雲など	(PT) 秋のお題をのびのび書きましょう。 色紙に挑戦してみましょう	¥
第5週			ミュージックケア 相場	25 うちわをつかって踊りましょう	26 うちわをつかって踊りましょう	27 鳴子をならして踊りましょう	28 渡辺歌之さんの口腔教室	29 鳴子をならして踊りましょう	30 手拍子で元気に踊りましょう	民謡を踊りましょう (PT) 手を大きく動かして踊りましょう。かけ声も忘れずに。	¥3,000 手ぬぐい テープなど

★ ……… キング　○ ……… ビショップ　・ ……… ナイト

午後

平成18年　9月　樫の森 AM かわせみ（PM）　プログラム

確認印：年 月 日 院長 印／18年 8月 5日 PT前田標理 印／担当

	テーマ（年間）	テーマ（月間）	内容	月曜日	火曜日	水曜日	木曜日	金曜日	土曜日	ねらい	予算
第1週	創造しよう	いろんな秋に手を出そう	レク お化け屋敷 原島	8/28	29	30	31	9/1	2		¥
第2週			シアター 原島	4 昭和の 原島 庄司 渡辺 	5 懐しい 原島 庄司 渡辺 	6 よき 原島 庄司 渡辺 	7 時代 原島 庄司 渡辺 	8 の映画 原島 庄司 渡辺 	9 週間!! 原島 庄司 渡辺 	入浴後、ゆったりと (PT) なつかしく鑑賞しよう。	¥1500 ビデオ代
第3週			造形 文化祭準備 TOIい	11 実物大人 石川 原島 野水 物像をたくさん組み合わせ 樫の森の楽しさを表現しよう	12 手描き 石川 原島 野水 色ぬり 紙の長つなぎン 包装紙 折り紙などで	13 〜を組み 石川 原島 野水 合わせて 毛糸や布など	14 異素材 石川 原島 野水 もどんどんくっつけます。	15 持ち運 石川 原島 野水 び時にこわれないように しっかり 補強しましょう。	16 仕上げ。 石川 原島 野水 文字など読みやすく。 休み	勢いある大作づくり。過去最大の掲示板ポスターを制作。 (PT) 実物大という大作、力を合わせて、作り上げましょう。	¥6000- 大洋紙 折り紙 紙の具
第4週			レク 『ストラック★アウト』 原島	18 ×	19 1枚で 原島 庄司 野水 1枚でビギナークラス	20 2枚 原島 庄司 相場 2枚でノーマルクラス	21 3枚 原島 若林 3枚でセミプロ!?	22 4枚 原島 庄司 皆川 4枚でプロ!?	23 5枚 原島 庄司 渡辺 5枚でパーフェクト	楽しく笑おう! (PT) パーフェクトめざしてがんばりましょう。	¥3000 材料費
第5週			童具 ビーズ流し 皆川	25 竹を使って	26 ボードを使って	27 流す型を作りましょう	28 竹とボードを組み合わせて	29 ピンを使って	30 竹にくぎを	ビーズの転がる音を楽しみましょう。 (PT) 毎日違う音と転がる様子を楽しみましょう。	¥0- ビーズ(大穴) 6色

★ ……… キング　○ ……… ビショップ　・ ……… ナイト

Step 3 予算をプログラムごとに計上する

　予算はプログラムごとに毎月計上し，プログラム週間計画表に予算を書き入れています。できるだけ現金支出がないように，リサイクル品や社会資源（地域の施設など）を利用するなどスタッフの感性と発想をフル活用し，工夫しています。
- ●**リサイクル品の活用**　広報「樫の森から」の「ゆずってくださいコーナー」に載せます。
  （例：楽器，絵の具，クレヨン，リサイクル封筒づくりの包装紙，将棋の駒など）
- ●**社会資源（公共施設など）の利用**　演芸会は総合福祉センターの多目的ホール，園芸は農業体験交流センターの畑，公園は市内に限らずあちこち利用します。
- ●**なるべく現金を使わない工夫**　もちつきの臼などの季節品はお借りします。

Step 4 一日の流れがスムーズに行くように，スタッフの役割分担を決める

　「樫の森プログラム」では，「スタッフ＝教える人」「参加者＝教えてもらう人」という一方的な上下関係にならないようにしています。「キング」「ビショップ」「ナイト」と，チェスの駒の名前でプログラムスタッフの役割を表し，認知症の方の活動を支援しています。

♛ キング（プログラムのリーダー・司会役）

　全体の動きに注意しながらプログラムを進行。キングが適切な助言，補助動作を行うと，参加者は持っている生活力で完成に向かって進みます。それも単にうまくできたということだけでなく，他を思いやる気持ち，引き立てる気持ち，楽しみ合う気持ちがめばえ，つながり，想像力まで生み出します。スタッフは，それを引き出すことを大切に支援します。

♗ ビショップ（直接支援・盛り上げ役）

　プログラムを進めるために不可欠の存在です。認知症のため集中することが苦手で，すぐに忘れてしまう参加者に声かけをし，プログラム（作品など）を完成させていきます。ボランティアはもちろん，研修生・見学者の方たちにも「即席ビショップ」になっていただきます。時には認知症の方がビショップで参加いただくことも大歓迎です。

♘ ナイト（準備ならびに後片付け役・見守り役）

　狭い空間を有効に安全に使うための黒子役です。キングもビショップもプログラムに入り込んでいきますので，ナイトの冷静な目はプログラムを効果的に行い，その日のスケジュールをこなすため，また，リスクマネジメントからも重要です。プログラムにはまらないウロウロ組の見守り役もします。

Step 5　一日のタイムスケジュールおよび，配置図をつくる

プログラムシートに，準備品，タイムスケジュール（全体の流れ，参加者・キング・スタッフの動き），配置予定図を記入します。書くことでプログラム全体を事前に見通すことができます。

Step 6　プログラム会議にて提案し，配置，リスクなどを検討する

毎月2時間半のプログラム会議を開き，職種（プログラムスタッフ・看護師・理学療法士・作業療法士・栄養士など）を超えて意見交換を行い，プログラムの方向を一致させています。「プログラムシート」を元に，配置，リスクなどを検討します。

Step 7　実践

プログラムを実践する前のミーティングでは，下記のことを確認します。
・送迎担当者からの申し送り（当日の参加者の様子，家族からの情報伝達）。
・看護師のバイタルチェックで要注意事項のあった人。
・スタッフの配置（プログラムシートの確認）。

プログラムは，一週間同じですが，その日に来る参加者にあわせ，曜日によって少しずつ変化・成長があります。作品の完成など結果を求めすぎないで，過程を楽しむことを重視していますので，"何でもあり"で"失敗"ということはなしです。ただし，医療・介護スタッフの指示は厳守し，リスクマネジメントの徹底を前提としています。

Step 8 プログラム評価

　プログラムを提供する側が，自分たちのプログラムを客観的に継続的に評価することは，質を高めるために必要なことです。

　プログラム終了後，担当スタッフがプログラムシート（下記）にプログラムを行って気づいたことを記入します（自己評価）。そして，医師・理学療法士・作業療法士・介護士・看護師・事務長（樫の森プログラム開発担当）などの専門職も記入します（他者評価）。

　短期的にかつ長期的に記入し，複数のメンバーが各々の立場や視点から見ることを毎回繰り返すことにより，脳活性化訓練としての効果やプログラムとしての正しい評価が得られるようになります。また，プログラムの結果は求めませんが，変化を知るために記録をとることを基本としています。

　プログラムに一生懸命取り組んだ後は，参加者の表情はイキイキし，目が輝きます。その様子を「よいところメモ」（28頁）に記入して残しています。これをアクティビティプログラムの計画・実践に活かすだけなく，ご家族に報告することもスタッフの役目だと思っています。

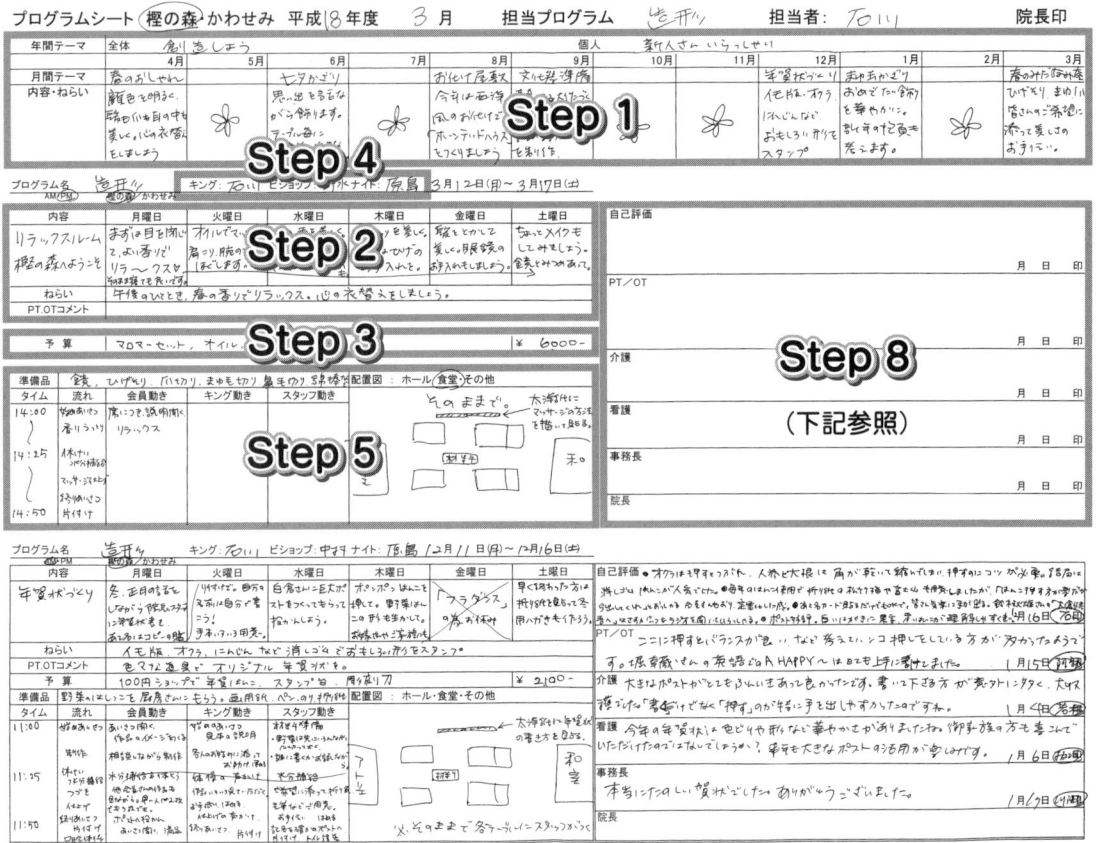

5 アクティビティプログラムの効果

脳活性化訓練プログラム評価スケールから見えてきたこと

　私たち樫の森スタッフは，認知症がよくなってほしい，その人らしく過ごしていただきたい，という思いが常にあるので「今日は調子がよさそうだね」「なんかいい雰囲気だね」というちょっとした変化には敏感です。しかしそのような変化を数値で評価することはできませんでした。

　それならば，ということで自分たちで創りました（評価スケール共同研究の経緯は，76頁に詳しく紹介）。

　評価スケールは，「笑顔」「つながり」「集中力」「達成感」「創造力」「意欲」といったキーワードを考慮した12項目17点満点で，その中でも評価が微妙な「2.笑顔を見せる。6.その人らしい自己主張をする。10.職員や会員さん（他の参加者）に話しかけたり，質問したりする。11.最後まで参加する」の4項目は，点数配分をかえて，重み付けしています。

　点数をつけるためには参加者の表情やく

せなど，自己表現されている姿をしっかりと見る目が必要です。それが目の前の参加者を知るきっかけとなり，またご家族に施設の様子を伝えやすくなります。実は評価スケールをつける上で，本当に大切なことはスタッフがそういう気持ちを持つことなのです。

特別養護老人ホームでのアクティビティプログラムの効果

　某特別養護老人ホームが樫の森流アクティビティプログラムおよび評価方法を実践した「自己表現がいかに高齢者ならびにスタッフの意識を変えたか」という事例を紹介します。

第6回日本早期痴呆研究会一般演題
「脳活性訓練導入による特別養護老人ホーム職員の変化」

（略）　脳活性化訓練を導入するにあたり，3人の小規模グループとしてスタートした。すると「できない」と決めつけていた高齢者が，糸と針を持ち縫いものをする，包丁を使う，言葉はなくとも目線や表情で興味の有無を示すなど，できることやできたことを調べるたびに，もっと高齢者を理解したくなってきたことにスタッフ自身が驚いた。（略）

＊詳細をお知りになりたい方は，当法人へお尋ねください。

新規通所者を対象とした樫の森プログラムの効果について
（学会発表データ）

　平成17年7月に初めて通所することになった新規の利用者28名を対象として樫の森プログラムを実施し，9カ月後に，プログラムの効果判定を実施しました。

　図1で初回参加時の28名の平均得点がA点，9カ月後も参加された方で70回を超える方が14名いましたが，その方々の平均得点がB点です。回数が増すごとに得点が上がっています。

　図2は平均得点と移動平均の推移です。1～9回目，2～10回目と9回分の移動平均得点を追ってみたものです。こちらを見ても2.5点の増加が認められました。

　またプログラム別の平均得点は，「生花」13.6点が最も多く，次いで「童具」12.9点，「料理」12.5点，「造形」11.8点の順でした。逆に低いものは，シアターの8.0点，入浴，書道，レクリエーションの9.8点で最大5.6点の差が生じました。

　まとめとして，樫の森プログラムを約9カ月実施することにより，約2.5点の得点上昇が認められました。またプログラムごとに有効性の違いが認められ，特に芸術系プログラムの効果が高いものと考えられます。

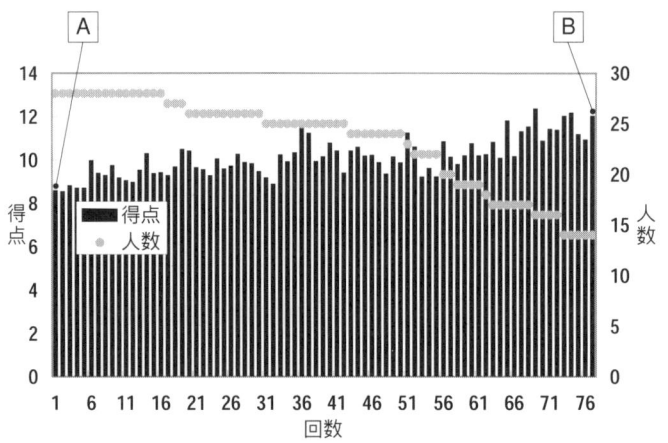

図1　平均得点と人数の推移

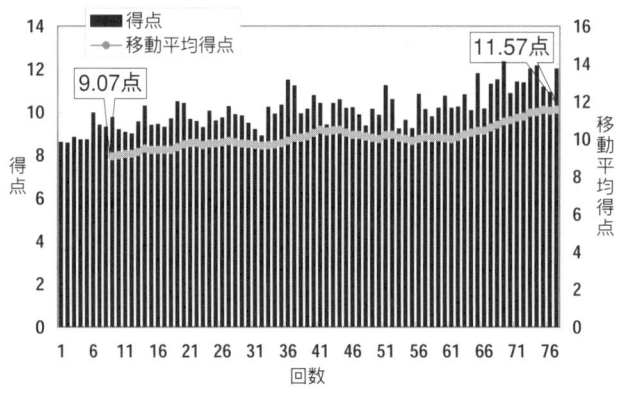

図2　平均得点と移動平均（9回分）の推移

第2章 アクティビティプログラム実践紹介

　樫の森で行われているプログラムは，「造形プログラム」，「音楽プログラム」などの分野ごとに「プログラムスタッフ」が専門的に担当し，年間計画，月間計画，実施日の具体的な内容を提案していきます。
　ここでは，大きな分野ごとの目的・ねらい，プログラムスタッフの想い・心構えなどを記してから，各分野で行われたある日のプログラムを具体的に紹介します。
　合わせて，プログラムに参加した参加者の個別評価とプログラム全体の評価についても掲載します。

※　「脳活性化訓練プログラム評価スケール」による「個別評価」の数値は，新通所者や大きな変化がみられる参加者に対してチェックするもので，全員に対して常に行ってはいません。
※　評価スケールからみる効果やスケールの項目に対しては，25頁，76頁を参照ください。

よいところさがし  スペシャルプログラム

プラスイメージで参加者をとらえ直し，活動支援につなげる

 プログラムの目的・ねらい

「○○ができた」「○○を教えてくださった」と参加者から出てきた表現をメモすることからプラスイメージでその方の変化をとらえ直し，活動支援につなげる。ご本人やご家族へその方がお持ちの能力や，よいところをお伝えする。新しいプログラムの企画や運営に活かす。

 プログラムスタッフの想い・心がまえ

常に「ほめる気持ち」「尊敬する気持ち」を忘れない。人生の大先輩の素晴らしいところを再認識し，日頃見逃していることに気づく。ご家族，ご本人の「どうせこんなもんだ」という固まったイメージに風を吹き込む。

ある日の **よいところさがし**	活動季節　通年 春 夏 秋 冬 活動時間　年中無休 活動場所　あらゆるところで

 **活動内容**

参加者の表現したこと，よいところを記録する。送迎車中，ミーティング中，プログラム中，家に帰ってからも，気づいたときにすぐにメモする。全プログラムで，365日24時間行える。

運営のポイント・スタッフの役割

- 日常業務にまぎれて忘れてしまったり，ノルマがあるわけではないので，書かなくても済んでしまうが，記録することでスタッフが参加者のすばらしさに気づき，とても気持ちよく一緒に過ごせるようになる。また，スタッフの心の持ちようにとてもプラスになる。
- キングは日頃の声かけをし，取りまとめ役が「よいところメモ」の整理・新旧参加者のページの入れ替えをする。
- スタッフ全員で参加者の「よいところ」をメモする。忘れないうちにすぐ書けるように，用紙は何でもよい。「よいところ」メモ入れに入れる。
- ボランティアの何気ないコメントもスタッフがメモする。

必要な道具・材料・予算

メモ，筆記用具，ファイルなど（経費0円）

配慮すること・安全対策

・ミーティング時などで他のスタッフに伝達する。
・気づいた時にすぐメモをできるかがポイントだが，メモを記入する時に，参加者から目を離してしまわないように注意。

評価

プログラム評価・参加者の様子

・軽度認知症の症状の進行に伴いご本人も辛いが，ご家族そして対応するスタッフも辛いと感じる場面が増える。しかし，よいところを認識するとプログラムの組み立て方，内容，そして普段の声のかけ方が変わり，ネガティブシンキングからポジティブシンキングへと変わる。
・普段あれもこれもできない，物事を忘れている，対応が難しいと感じている方に対してこそ有効で，スタッフ側の思い込みを見事に変えてくださるところに喜びがある。現場の雰囲気が生まれ変わり，おすすめ！
・ご家族では当たり前過ぎて気づかないよいところがたくさんある。
・スタッフの気持ちが変わることで，ご本人・ご家族の気持ちも変わる。
・朝，送迎車中にて○○さんが昔の三条の風景について熱く語ってくださる（すかさずメモ）。昼食時，○○さんがスタッフにお茶を持ってきてくださる（すかさずメモ）。終業時，ポケットにたまったメモをよいところメモ入れに入れる。

「よいところメモ」　　5月の新緑を眺めて，アトリエで。

Y・Tさん（男性）とT・Sさん（男性）
　T・Sさんは車椅子でウトウト眠っている。Y・Tさんは相手になって欲しい様子。「起きてくれ」を連発。

A・Yさん（女性）
　一斉プログラムには参加せず，落ち着かない様子。ホールでリハビリをしている患者さんに近寄り，椅子に腰掛けて微笑まれる。落ち着くのかな？

O・Tさん（男性）
　いつも目が見えないと言っているO・Tさん。男性スタッフが近づく足音を聞き，「○○さんが来た！」と一言。すごい感覚のするどさ。

造形プログラム  一斉プログラム

作業を通じて心身を活性化。
新しい仲間づくりにも役立つ

 ### プログラムの目的・ねらい

　手や肩を動かし，立ちあがって作業することで身体の活性化を図る。作品のできあがりをイメージし，作業を通じて会話が生まれることで脳を活性化させることもできる。新しい仲間関係と良好なグループづくりに役立つ。

　作品のできあがりを皆で喜んで満足したり，大人数で行うことで集中の波が相乗効果となるなど，集団の効果が期待できる。

　役立つものをつくる＝仕事の要素もあり，やる気UP！

 ### プログラムスタッフの想い・心がまえ

・見るだけ，口を出すだけなど，どんな楽しみ方でもOK。できてもできなくても，よいところを見つけてほめる（「よいところさがし（28頁）」にもつながる）。
・完成形ではなく過程を楽しむので，テーマに対して内容がずれていってもよい。ゆったりゆっくり参加者の希望に合わせる。
・材料が足りなくならないように，危険がないように注意する。

 ### プログラム例

【季節物】年賀状づくり（院長が大切な方宛に出すのに使う），干支飾りづくり，ひな人形づくり，ひな人形に変身（写真4頁），春のおしゃれ教室（マニキュア，お化粧），こいのぼりづくり，七夕飾りづくり，短冊書き，ステンドグラス風絵（写真4頁），菊の花づくり
【イベント】おばけやしきづくり（写真4頁，実践紹介58〜59頁），バザー準備（実践紹介64〜65頁），文化祭準備
【外部依頼】のぼり旗づくり（実践紹介31〜32頁）

 ### 関連プログラム

メニュー描き（料理プログラム）
横断幕づくり（レクリエーションプログラムの演芸会など）
※春に行うバザーや秋の文化祭前に行うものが多い

第2章　アクティビティプログラム実践紹介

| ある日の造形プログラム
のぼり旗づくり | 活動季節　**通年** 春 夏 秋 冬
活動時間　（午前1時間）11：00～12：00
活動場所　食堂，ホールなど　参加人数　40名 |

🔍 活動内容

バザー，文化祭，隣の工業高校の野球応援などで活躍し，大好評ののぼり旗。雨や風の日にも飾れ，生垣の緑に映えて，飾ると皆で楽しめる。作品が役立つようにと，美しく仕上げる意欲が生まれ，とても盛り上がるプログラム。

👤 運営のポイント・スタッフの役割

・準備は早めに入念に。当日は楽に簡単に。
・見本があると「もっと良いものをつくろう！」と意欲を引き出せる。
・できあがった作品は，その日のうちに見える場所に展示。

👑【キング（リーダー・司会役）：1名】
見本をつくる。「分かりやすく」「簡単」に手順を説明。参加者が声をかけやすいように行動し，嬉しくなるように講評する。

♠【ビショップ（盛り上げ役）：2名】
テーブルごとに参加者の顔を見て，得意そうな作業をすすめたり，他の参加者をリードできそうな方に意識して声かけする。テーマと多少違うアレンジでも参加者が楽しくなるように声をかける。手を出さない方は口で参加していただく。

♘【ナイト（準備・後片付け役）：2名】
材料をたやさず，余らせず，丁度よく出す。

👤【ボランティア】
ビショップ役で参加。新しいアイディア・ネタの提供。

✂ 必要な道具・材料・予算

不織布10m（3500円×2本　＊スタッフがのぼりの形にミシンで縫う），旗用布850円×2本（＊美術系のカタログで画材屋に注文），耐水性絵の具（12色セット），筆，マジック，乾かす場所，旗用の棒，エプロン，腕カバー，テーブルシート

🕐 ある日のスケジュール

11：00　はじまりの挨拶・説明。エプロン，腕カバーをつけたり，腕まくりする。テーブルにシートを敷く。下書き，色の相談，絵の具で色塗り。
11：30　休憩（お茶の時間）。体操。色塗りの続き。他のテーブルの進み具合を眺める。できあがりを眺めて楽しむ。講評。
12：00　片付け。

🏥 配慮すること・安全対策

- 認知症でも筆を持った方がそばにいると，周りを見てできることも多いので，「できない」という先入観を捨てて見守る。
- 大雑把に塗って満足する方と完璧主義な方との差が激しいので，トラブルを防ぎ，共に楽しく参加できるようスタッフが間に入る。
- 遠くに手を伸ばせない方には，筆を使わずマジックを使い，手元で色塗りを行う「ポスター描き」など，並行して行うプログラムを用意する。
- 麻痺をお持ちの方には筆を持ちやすく工夫したり，色を決めていただく。全員参加を目指す方法を考える。
- 乾くと耐水性となる絵の具などを使用するときは「家に帰ってから洗濯しても落ちない」ことをたびたび伝え，良い意味で緊張していただく。
- 必要のない道具はすぐにしまう。

評　価

脳活性化訓練プログラム評価スケールから見る評価（17点満点）

◆Kさん（男性・82歳）　参加前評価 **3点** 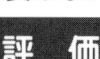 ⇒　参加後評価**14点**

プログラム評価・参加者の様子

- グループで行いつつ，個々人の能力・可能性に合わせた声かけを行うので心身ともに活性化するプログラム。
- 集中すると眉間にしわを寄せて楽しまれる方もいるため，「笑顔」の項目の評価は低いこともあるが，手を出さない方もお喋りが盛り上がると評価が高くなる傾向がある。
- できあがりの満足感も高く，作品が残るので，後からまた満足し，思い出すことができる。
- 作品を持ちかえっていただけるので，ご家庭でも満足感が得られる。
- 最初は「したことねえ」「俺らできねえ」と言われる方もだんだん乗ってきて，途中の休憩の声かけにも反応せず，大変集中される。
- 一週間同じプログラムを少しずつ変えて行うので，他の曜日に仕上げた作品に競争意識があったり，感心したり，話題になる。
- 「絵を描く」ことが難しく，参加拒否のある方も「筆を持つだけ」の声かけでなんとなく参加される。スタッフの声かけや気合の入れ方次第で参加者がいきいきする。

ミュージック・ケア（加賀谷式音楽療法）プログラム　一斉プログラム

認知症の症状に関係なく音楽に合わせて身体を動かし，集団の力で楽しさを共有

🎯 プログラムの目的・ねらい

　認知症高齢者を対象として，音楽に合わせて楽しく身体を動かし，身体機能の維持，認知症の進行の予防をめざす。集団の場の力により，楽しさを共有し合い，右脳に快い刺激を与え，仲間意識を高め，笑顔で1日を過ごしていただくための活動。簡単な身体表現で心の解放，情緒の安定を図る。

> ミュージック・ケアとは，故加賀谷哲郎氏（日本音楽療法協会を設立）が創り上げたメソッドを基本として，宮本啓子氏（日本ミュージック・ケア協会会長）がその理論と方法をまとめたもの。その人がその人らしく生きるための援助を音楽の特性を生かして行う。

😊 プログラムスタッフの想い・心がまえ

　「だれでも，どこでも，いつでも楽しめる音楽療法」の理念のもと，認知症の症状に関係なく，誰もが楽しく参加できるように，その場を楽しく演出する。スタッフが楽しくなければ参加者にも楽しさは伝わらないので，現場のスタッフが楽しく動き，参加者の個々の能力に応じて活動してもらい，参加者の潜在能力を引きだせるような場面をより多く提供できるよう努める。

📄 関連プログラム

　運動会のときの応援。幼老統合ケアで幼稚園児との交流セッション。

ある日の **ミュージック・ケア**	活動季節	通年　春夏秋冬
	活動時間	（午前50分）11：00〜11：50
	活動場所	食堂　参加人数　40名

🔍 活動内容

　参加者が目的に合った活動ができるように曲を選択し，静と動のバランスを取り入れ，全体の流れを考えて進行。音楽にあわせて，フラダンスを踊るなど，楽しく体を動かしていただく。

👤 運営のポイント・スタッフの役割

　参加者の急な動き，転倒に注意するなど，事故のないように安全面にも配慮する。

♛ **【キング（リーダー・司会役）：1名】**
参加者の様子や表情を見ながら曲を選び、「静止することの大切さ」を意識しながら進行する。
♗ **【ビショップ（盛り上げ役）：2名】**
参加者の緊張をほぐし、活動しやすい場を演出する。
♘ **【ナイト（準備・後片付け役）：2名】**
楽器を配ったり、片付け、見守り、テープ係。
♙ **【ボランティア】**
ビショップ役として入り、一緒に参加してもらう。ビショップ・ナイトのサポート。

✂ 必要な道具・材料・予算

鈴、シェーカー、レイ、タオル、音楽テープ、CD、CDデッキ

🕒 ある日のスケジュール

日本ミュージック・ケア協会のオリジナルメソッド（＊印）を中心に使用している。「　」は曲名。

11:00 「ひだまりの詩」
　　　 タオルを使ってウォーミングアップ・ストレッチ。
　　　 「赤ずきんちゃんになったアリサ」＊
　　　 タオルを使って手仕事の動作。
　　　 「パンパン」＊「ガボット」＊
　　　 シェーカーを使ってリズム運動。
　　　 「さんぽ」＊「カルメン」＊
　　　 鈴を使って上肢運動、体重移動。
11:30 「歌の翼に」水分補給。
　　　 「ブルーハワイ」「フキラソング」で心の解放。立って踊れる人は中央に出てスタッフと一緒に、それ以外の人は座ったままフラダンスを踊る。
　　　 「詩人と私」＊
　　　 クールダウン。

🧰 配慮すること・安全対策

・参加者全員が椅子に座るまでの誘導、目配り、気配りなど、スタッフ全員の連携をよくする。
・足元には楽器、道具を絶対に置かない。CDデッキのコードなどにもつまずかないように配慮する。
・リズムにのって突然立ち上がって踊りだす参加者の背後に待機したり、足腰が元気な参加者に寄りそって一緒に踊るなど、スタッフの臨機応変な対応が必要なので、事前の情報共有はしっかり行う。
・動きのある分、夏は室温に気をつけてお茶を飲む。冬は重ね着をしているので、1枚上着を脱いでいただくなど、体温調節に注意する。
・片麻痺の方へは患側のタオルを持つなど、できない部分をサポートしたりとマンツーマンで対応する。

評 価

脳活性化訓練プログラム評価スケールから見る評価（17点満点）

◆Kさん（女性・65歳）　参加前評価**10点** ⇒ 参加後評価**15点**
・笑顔いっぱいでスタッフや参加者に話しかけたり，質問したり，心地よく疲労されていた。

プログラム評価・参加者の様子

・自分ができる動きで皆と同じ輪に入り，元気な動きをする方を見ながら笑ったり，つられて一緒に踊ったりする。
・集団がかもし出す力によって，一人ひとりの楽しさが全体に，全体の楽しさが一人ひとりに伝わるという相乗効果が出て，参加者の潜在能力を引き出し，意外な一面を見せる。
・5分前の事もすぐ忘れてしまう認知症の方が動きを覚えていたり，曲がかかるとそれに合わせて手拍子，ハミングが出てくる様子をみていると，音楽がいかに人の心に働きかけるのかと感心。キングを見つめる真剣な表情・集中力に毎回驚く。
・シェーカーや鈴を使ってリズムをとるうちに，ノリもよくなり，会員さんの手がそろって動く様は圧巻。時々「ふう，疲れた」と休まれる方もいる。
・「赤ずきんちゃんになったアリサ」では，手仕事を表現する動きはみなさん楽しそうにされて，特に女性参加者の運針の動きは見事！　ほめていたら，男性参加者から「俺だってちゃんと細かくしているぞ」と文句を言われた（全くその通りだった）。
・大工仕事の動きでは，元大工さんがタオルで上手にねじりはちまきをして活き活きと動いていた。タオル一枚で，姉さんかぶりした女性の表情，ねじりはちまきの時のきりりとした男性の表情，体になじんだ動きを通して，どんどん昔を思い出して，さらにいい動きになっていた。
・和室で寝ていたHさん（女性）は，「カルメン」の曲が聞こえてきたら上体を起こして曲に合わせて手を振っていた。Iさん（女性）は歌を口ずさみながら体を動かしていた。
・「さんぽ」で男性Hさんを先頭に男性3人が鈴をならしながら行進したので，女性もたくさん中央に出て，場が盛り上がっていった。
・「フキラソング」では10人ほどのお年寄りも中央に出て踊られ，南国ムードを楽しまれる。男性Hさんは，新潟の三条祭りのやっこの踊りを見せてくれた。
・男性Kさんは途中でトイレに何回も行くのだが，今日は最後まで一緒に参加。「踊りましょう」の声かけに「イヤだ！」と言いつつも，体は皆と同じ動きをしていた。

音楽プログラム　一斉プログラム

生の音に触れながら季節を感じ，周りとの関わりを楽しむ

🎯 プログラムの目的・ねらい

機械から流れる音ではなく生の音に触れていただき，回想する。季節を感じていただく。

😊 プログラムスタッフの想い・心がまえ

計画していたとおりにならなくても，それにこだわらずにどんどんやってみる。「音」を扱うだけに，耳の遠い方には音が出るときの振動を楽しんでいただくなど，配慮する。

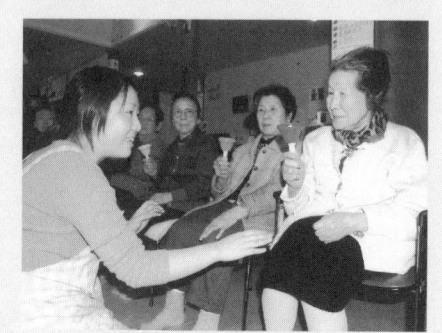

✏️ プログラム例

歌唱，合奏，楽器づくり，ボディーパーカッション，ハンドベル，トーンチャイム，グラスハープ，民族楽器など。

ある日の音楽プログラム

グラスハープ

活動季節　通年　春　**夏**　秋　冬
活動時間　（午前1時間）11：00〜12：00
活動場所　食堂，ホール　　参加人数　40名

🔍 活動内容

グラスに色水を注ぎながら音階をつくる。完成したグラスハープを奏でる。水を使うので夏がお勧め。

👤 運営のポイント・スタッフの役割

参加者に応じて，数字（ド＝1，レ＝2）と色（ド＝赤，レ＝青）と組み合わせた楽譜を渡し，ビショップに指で合図してもらう。グラスを指でこする，スティックで叩くなど，アプローチの仕方を変えていく。

👑【キング（リーダー・司会役）：1名】　使用する楽器の豆知識を話す。演奏法を説明，実際に鳴らし，簡単な曲を聴いていただく。

♗【ビショップ（盛り上げ役）：2名】　「これも楽器になりそう」と思われるものを探し出してくる。キングが知らない歌などの補足説明，参加者との橋渡しをする。

♘【ナイト（準備・後片付け役）：2名】

👤【ボランティア】　ビショップ役として入る。

✂️ 必要な道具・材料・予算

グラス×40個（1個100円＝4000円），くるみ・割りばし・セロハンテープ（叩くための

スティックをつくる），水，カキ氷シロップ（色つけ用）。

🕚 ある日のスケジュール

11：00　あいさつ。完成品を見てもらいながら何をするかを説明し，実際に行ってみる。
11：10　各テーブルに材料を配り，音階づくり。音を出してみる。
11：30　休憩（お茶の時間）。
11：35　簡単な曲を演奏してみよう！　各テーブルで練習＆演奏会。
11：45　全員で一曲演奏。
11：50　後片付け。

🧰 配慮すること・安全対策

・グラスハープ用の水の色つけは絵の具では心配なので，カキ氷のシロップを使用。
・耳の遠い方には，グラスを耳のそばへ近づけたり，触れてグラスの振動で音が出ていることを実感していただく。
・グラスは倒れやすいので，叩くときはビショップ，ナイトが押さえながら叩いてもらう。
・後片付けを張り切ってしてくださる方もいるので「割れやすいのでスタッフが片付けます」と声をかける。

評　価

脳活性化訓練プログラム評価スケールから見る評価（17点満点）

◆Sさん（男性・77歳）　参加前評価　**6点** 😠 ⇒　参加後評価**15点** 😊
・Nさんにつられていい雰囲気で参加。笑顔が増えて，他の参加者を誘う。

プログラム評価・参加者の様子

・準備段階から「何になるんだ？」「きれいな色だね」と興味を持ってくださる方が多い。
・音階ができあがるにつれて，「これは低い」「もっと水を入れて」などと指示が飛んできた。
・音を出す方法が叩く，こすると2種類あり，どちらかはできる「逃げ道」があってよかった。
・数字と色を組み合わせた楽譜を出すと，参加者同士で教えあいながら音をたどり，演奏してくださった。
・ある方が自ら「日の丸の旗」をグラスハープで演奏。聞いていた隣のテーブルの人が「私たちもやりたい」と言ったことがきっかけになり，全てのテーブルで挑戦。今まで歌詞で歌っていたが，多くの方が「ドレミ」の音名で歌うことができると，新たな発見！もあった。
・楽器には手が出ない方も，同じテーブルで演奏しているのを聴きながら手拍子や歌詞を口ずさみ，終わると拍手をしてくださる。あまりプログラムに参加されない男性は楽器には触れないが，「ドーレーミー」と歌いながら指揮をするような動きをしていた。
・最初の参加時に興味を示さなかった男性は2回目には「これ（曲）は知ってる」と積極的に参加。いつも「目が見えない」とおっしゃる女性は，ビショップの指の動きをしっかり見て「はと」「日の丸の旗」をマスターされた。
・一週間行ううちに，スタッフの音感がどんどん鍛えられてきて，音階がスムーズにできたことに驚いた。

屋内レクリエーションプログラム　一斉プログラム

1日を楽しく飽きずに過ごしていただけるように集中する時間をつくる

🎯 プログラムの目的・ねらい

　認知症の方は集中力がなく，帰宅願望の強い方が多い。まず楽しく1日を飽きずに過ごしていただくことで，「楽しいところで安心して，1日いてもいいんだ」と思っていただく。
　ゲームなどで集中する時間を少しでもつくり，手先・指先の運動などで脳に刺激を与え，認知症の進行を遅くする，またはその予防。

💗 プログラムスタッフの想い・心がまえ

・認知症の方にわかりやすいよう，内容・ルール説明は簡単にする。
・基本としては無理強いをしない。
・季節を感じるプログラムを考え，決して安っぽいゲームにならぬよう，極力「本物」を使う。もしくは「本物のエッセンス」を残す。

📝 関連プログラム

　風船レース，サッカーボーリング，野球ゲーム（写真6，41頁），紙飛行機とばし（写真6頁），大型コリントゲーム（写真41頁）

ある日の屋内レクリエーションプログラム	活動季節	**通年** 春 夏 秋 冬
風船レース	活動時間	（午後1時間）14：00〜15：00
	活動場所	食堂　参加人数　40名

🔍 活動内容

　うちわと余っていた風船を使った，清涼感あふれるゲームをしたいと考案。どちらが先にゴールにつくかを競争するシンプルゲーム。

👤 運営のポイント・スタッフの役割

　参加者に行ってもらう動作は単純なので，風船の動きに参加者の注目が集まるようにスタッフが声をかける。

♛**【キング（リーダー・司会役）：1名】**　楽しい司会，椅子から立ち上がる参加者への介助の指示。

♝**【ビショップ（盛り上げ役）：2名】**　ゲームを行う参加者の脇に寄り添う。「横にあおぐより，上から大きくあおぐと進みますよ！」とあおぎ方のアドバイスをしたり，「がんばって」など応援のかけ声をどんどんかける。

♞**【ナイト（準備・後片付け役）：1名】**　風船を手元に戻す。

✂ 必要な道具・材料・予算

風船，積み木，糸，うちわ（大），テープ，ストロー，金銀銅メダル，応援グッズ（タンバリン，スズなど）など。予算1,000円。

🕒 ある日のスケジュール

13：40　会場準備
13：50　参加者移動
14：00　本日のプログラム発表。ゲーム説明
14：05　レース開始(トーナメント戦)
14：50　レース終わり
15：00　結果発表。終わりのあいさつ

⚽ ルール

① 2人1組の2チーム対抗。うちわを1人ずつ持つ。
②「よーいドン！」でスタート。うちわで風船をあおいでどちらのチームが先にゴールするか競争する。トーナメント方式で勝ち進んだチームが優勝。

🧰 配慮すること・安全対策

・片手であおいでも充分結果が出るように工夫する。勝負の差がひらきそうな時はビショップがさりげなく手助けする。
・必ず座ってゲームに参加していただき，立ち上がる参加者に配慮する。

評　価

脳活性化訓練プログラム評価スケールから見る評価（17点満点）

◆Oさん（女性・77歳）　参加前評価**9**点　⇒　参加後評価**12**点

・他の参加者を誘ったり，うちわに手を出したりとプログラムに関心を持たれる。プログラムに触発されて，別のことをしたりと興味が広がる。

プログラム評価・参加者の様子

・人の競技する姿を見ながらも，ゲームを把握して行く様子だった。
・参加者全体が競技をする会員さんを応援しておられた。

ある日の屋内レクリエーションプログラム
サッカーボーリング

活動季節　通年 春 夏 秋 冬
活動時間　（午後1時間）14:00〜15:00
活動場所　ホール　参加人数　40名

🔍 活動内容

活動はいつでもいいが，ワールドカップの期間だと，より盛り上がる。ボーリングのピンを倒す爽快感も楽しいサッカーゲーム。

運営のポイント・スタッフの役割

特に女性は足で物を蹴ることに抵抗があるので，サッカーというスポーツは足しか使えないのだということをよく説明する。

【キング（リーダー・司会役）：1名】
【ビショップ（盛り上げ役）：1名】

誤解を恐れず言えば，キングとビショップの関係は「熟練したお笑いコンビ」のようなもの。スタッフ同士の息が合えば，より楽しめるプログラムになる。

【ナイト（準備・後片付け役）：1〜2名】
【ボランティア】ナイト役になる

必要な道具・材料・予算

ボーリングのピン（牛乳パック・ペットボトルなど）10本，サッカーボール1個，くつ×サイズ違いで数足，椅子，滑り台（＊イラスト参照）　＊ボールがなければ2000円ぐらい。

ある日のスケジュール

14：00　ゲームの紹介，説明
14：05　準備運動
14：10　ゲーム
14：30　水分補給・中間発表
14：35　ゲーム
14：55　結果発表

⚽ ルール

①椅子から2〜3m離れたところにボーリングのピンを並べる。
②椅子に座っていただいて，ボールを蹴って倒す。足を動かしにくい方には，滑り台（＊イラスト参照）を用意し，足が触れただけでボールが転がるように配慮する。
③たくさん倒れた方が優勝。

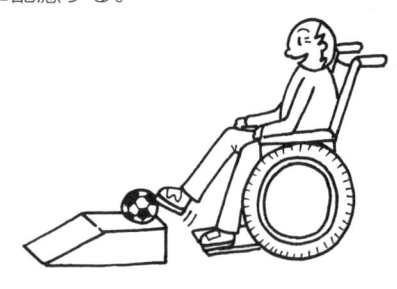

配慮すること・安全対策

・どなたも必ず椅子に座って行う。
・蹴る前にボールを会員さんに持っていただき，重さ，硬さなどを確認して，足のケガを未然に防ぐ。
・ついつま先で蹴ってしまうので，靴を履いていない方には用意した靴を必ず履いていただく。

評価

脳活性化訓練プログラム評価スケールから見る評価（17点満点）

◆Sさん（女性・74歳）　参加前評価　9点　⇒　参加後評価14点
・笑顔を見せて最後まで参加される。

プログラム評価・参加者の様子

・男性陣は張り切るが，力が入りすぎてうまくいかない。女性陣は慎重なのでうまくいっていた。
・ボールを蹴ってからピンに当たるまでの時間は，1〜2秒ほどだが，自然に周りの会員さんから，ため息や歓声があがる。
・腕や手指の体操は手軽にできるし，食事などにも自然と手を使う。しかし，足となるとなかなか簡単にはいかない。このゲームは，遊び，スポーツ感覚で足のリハビリにもつながり，身体の活性化を目指す方によいのではないか。

屋内レクリエーションプログラム　写真館

大型コリントゲーム　何点とっちゃおうかしら？

野球ゲーム　樫の森の4番バッター登場

童具プログラム　一斉プログラム

参加者の創造力を引き出し，仲間とつくった達成感を味わう

🎯 プログラムの目的・ねらい

童具を使って積んだり，モザイクのように構成したり，並べてドミノ倒し（写真7頁）など，遊びのバリエーションが豊富。自然に周りの人と話しながら協力して一つのものをつくり上げる喜びと，人と人とのつながりを感じ，生きる力につなげる。

＊「童具」とは和久洋三氏が開発し，想像力を引き出すこだわり積み木の名称。

💗 プログラムスタッフの想い・心がまえ

私もやってみたいと思わせるスタッフの真剣さと，失敗しても笑って「もう一度」の声かけが大事。

ある日の童具プログラム

ドミノ倒し

活動季節　通年　春夏秋冬
活動時間　（午後約1時間）13：45〜14：50
活動場所　食堂，廊下など　参加人数　40名

🔍 活動内容

積み木，カセットテープ，ビデオテープ，本など，倒れそうなものは何でもあり！　自分の並べたい場所に物を選んで移動し，床に並べる。並べている途中で倒れても，何度でも並べて，倒れる音とスピードを楽しむ。

👤 運営のポイント・スタッフの役割

所々ストッパーをはさんでおく。サイズが小さいものから大きなものと，音の違いがわかる並べ方をしてみる（大きい方が音が聞きやすいが，倒すときは技がいる）。途中でドミノが止まったら，スタッフが倒す。最後はビルが倒れたかと思うほどの音が楽しい。

👑【キング（リーダー・司会役）：1名】

♟【ビショップ（盛り上げ役）：3名】

細かいものが好きな方，短気な方，おっとりした方など，その方に合わせた場所と並べる物の設定や移動，やる気を引き出す声かけや並べ方に気を配る。

♞【ナイト（準備・後片付け役）：2名】　並べる物を配る。

👥【ボランティア】　ビショップ役で参加。

必要な道具・材料・予算

積み木，ビデオテープ（段ボール約5箱分），カセットテープ，本など。ビー玉，タンバリン，定規などつなぎに使うもの。あるものは何でも使用。

ある日のスケジュール

13：45　テーブルを移動し，イスを円形に並べる。
14：00　お誘いの声かけ。座ってお茶を飲んでいただきながら説明。
14：05　倒れにくい箇所の確認，全員で倒れる順番を確かめる。並べたい場所へ参加者は移動。皆が座ってから並べはじめる。
14：45　倒れる順番を確認，並べなおしながら完成。ドミノ倒しスタート！
14：50　全部倒れて拍手で終わり。片付けも全員で。

配慮すること・安全対策

・積み木と床の色が似ているので，歩くときに踏まないように声をかけて見守る。
・スタート前にドミノが倒れると参加者も止めようと追いかけるので，見守り役は重要。
・並べるのが好きだけど，主線から外れていく場合もある。そのままにして模様の一つとし，並べた参加者の気持ちを大切にする。

評　価

脳活性化訓練プログラム評価スケールから見る評価（17点満点）

◆Kさん（男性・79歳）　参加前評価**11点**　⇒　参加後評価**14点**
・積み具合のできあがりに満足され，歌い始める。

プログラム評価・参加者の様子

・一斉プログラムで行うことにより，協力し合ってつくるという気持ちが起こり，会話，お互いを思いやる気持ちが見られる。作品に題名をつけるときも，グループで話し合うなど，人と人とのつながりも見られる。
・回数を重ねていくうちに積み木が手になじんでいる様子で，何度か経験している参加者はテーブルに積み木などを置くと，あちこちから手が出てきて，自分の前にとにかく並べる。色と形の組み合わせが好きな人，積み木が崩れるのが好きな人などとさまざま。
・倒れないくらい密に並べる方もいるが，本人の希望を大切にしたいので，満足するまで並べていただく。
・全員で輪になることで，自分の作業をしながらドミノ全体が見渡せ，他のドミノが倒れるとすぐ見える。並べているときは個人作業のように感じるが，遠くから眺めていると皆で一つのドミノをつくっている一体感，倒すときも皆でやったという達成感があった。
・ドミノを並べた人も見ていた人も，倒すときは全員，目で追っていた。

料理プログラム 　一斉プログラム

軽〜重度の認知症の方も楽しめ，昔のよき時代に戻り，五感を活性化

🎯 プログラムの目的・ねらい

　参加者のほとんどが職場や家庭で主役であった。料理体験のある人は多く，エプロンをつけ調理器具を持つと昔に戻れる。食べることは軽度の方も重度の認知症の方も楽しめ，見ているだけ，匂いをかぐだけでも刺激になり，満足される。全員が順番に感触や音も楽しみ，五感を活性化させる。

💗 プログラムスタッフの想い・心がまえ

　認知症の方も片麻痺の方も食への興味は同じ。食べたい，食べようとする意識は最後まで残っているからこそ，本物のお菓子づくりや料理に気を配っている。ワクワク・ドキドキ感を持ち，個々の参加者の力を最大限に引き出し，食べる喜びにつなげていく。全員参加の中，参加者それぞれに合わせ，満足できるような関わりを考え，おやつの時間に本格的な味に舌鼓を打つ。材料準備からテーブルに盛り付けるまでの一番楽しいところは参加者にやっていただく。

ある日の料理プログラム **バターロールの生地づくり** **桜アンパンに変身！**	活動季節	**通年** 春 夏 秋 冬
	活動時間	（午前50分）11：00〜11：50
	活動場所	食堂　参加人数　40名

🔍 活動内容

　午前中に全員でパン種をこね，午後に桜アンパンに形成するのは料理好きな方数名が自主的に行う。料理プログラムの週の間，同じものは作らないように心がけ，ピザ，アンマンなどバリエーションを楽しむ。時期は，室温が25℃前後になるパンが自然発酵しやすい春か秋がよい。

👤 運営のポイント・スタッフの役割

♛**【キング（リーダー・司会役）：1名】**　時間配分に気を配りながらワクワク・ドキドキ感を持続させる。各テーブルの進み方が同じになるように進める。

♗**【ビショップ（盛り上げ役）：4名】**
　待っている方に話しかけ，一緒に1つのものをつくりあげる達成感を持ってもらう。

♘**【ナイト（準備・後片付け役）：2名】**
　不必要な料理器具はすぐに片付ける。参加者の安全を見守る。水分補給，トイレ誘導も。

♙**【ボランティア】**　人手が多ければ多いほどよい。

✂ 必要な道具・材料・予算

【桜アンパン60個分】強力粉840g，湯水（36℃）440cc，イースト小さじ2，砂糖大さじ2，ドライミルク大さじ6，卵2個，バター150g，塩小さじ2，あん20g×60人，桜塩漬け60個，塗り用卵2個

【用具】オーブン（230度で10分），計量スプーン大・小，計量カップ，はかり，粉ふるい・ボウル大，はけ，ビニールシート，エプロン，三角巾，ふきん
【予算】3000円，1個あたり50円。実際は食費より捻出。

ある日のスケジュール

10：50　参加者の身支度（エプロン）準備，テーブルに着く。
11：00　各テーブルに材料を配置して説明。参加者が材料を計量。
11：20　材料を合わせこねる。
11：30　全員でお茶を飲んで，一息つく。香りや感触を楽しみ，パン種を打つ（一番盛り上がり楽しいところなので全員参加）。
11：50　終了。
13：00　（会員さんは自主参加）第1次発酵した生地を形成して桜アンパンにする。アンを入れて丸め，塩漬け桜を中央に入れ卵を塗って，230℃で10分焼く。
15：00　全員でいただく。

配慮すること・安全対策

・刃物や火を使うためリスクが高く，人手が多く必要なプログラムなので，思いがけない動きなど，100％の気配りと目配りが大事。スタッフの連携なしではできない。
・危険な道具（包丁・ハンドミキサー）は使い終わったらすぐに片付ける。
・食費（おやつ代）から材料費を捻出。他のおやつづくりのときなども，人数分以上の量をつくるので余った分はスタッフが買っている。

評　価

脳活性化訓練プログラム評価スケールから見る評価（17点満点）

◆Hさん（男性・74歳）　参加前評価**10点** ⇒ 参加後評価**15点**
・美味しそうに喜んで召し上がる。「男だって料理は好きなんだよ」と一言。

プログラム評価・参加者の様子

・参加者40人とスタッフ総出でピンクや赤のエプロン・三角巾姿は圧巻。笑いと香りと調理器具の音で，重度のお年寄りも眠ってはいられず，皆で一丸となる。
・男性たちももちろん参加。全員，食べることが大好き！
・軽度の認知症のAさんがデイケアに通われる決め手は笹団子づくり。すぐにはまり，大喜びで通われるようになりご家族はホッとされている。
・うつ症状のあった女性Bさんは梅干漬けプログラムで主役となり，すっかり自信を取り戻した。
・男性Cさんは元和菓子職人。居場所がなく，家でも徘徊で困っていたのに，桜もちづくりで周りの女性参加者はほれぼれ。デイでの居心地が良くなりせっせと通うように。
・重度の認知症女性のDさんは食欲が落ち，日頃はミキサー食だが，目の前でつくる栗饅頭が大好物。香りも楽しまれ，お昼への導入効果にもつながっている。
・男性Eさんは樫の森に6年通われる中，家では寝たきりのことが多くなられたが，パン種づくりは大好きで車椅子で参加。感触を「おっぱいみたいだ！」と楽しんでおられる。

園芸プログラム 〔一斉プログラム〕

日の光や風にふれて開放感を味わい，参加者の知識をどんどん引き出す

🎯 プログラムの目的・ねらい

外の空気や風，日の光にふれて開放感を味わい，ストレスからの解放をめざす。

仕事への意欲を呼び覚まして，育てる喜びを思い出していただく。

😊 プログラムスタッフの想い・心がまえ

怪我のないように気を配る。

参加者同士の意見の違いなどに上手く対応し，楽しくおしゃべりをし，参加者から知識をどんどん聞き出す。

メインは中庭（外）だが，雨天のときは室内へと移動できるのも魅力。

ある日の園芸プログラム		
畑の草取り，鉢の植え替え，見学	活動季節	通年 春 夏 秋 冬
	活動時間	（午後1時間）14：00〜15：00
	活動場所	玄関・畑　参加人数　40名

🔍 活動内容

畑の草取りと植え替えを行う。ゆったりと見学も楽しめる。

👤 運営のポイント・スタッフの役割

バリバリ働くタイプ，ゆったり見たいタイプ，草取りや仕事，外はまっぴらというタイプ（仕事を途中で止める人も含む）など自然に分かれたグループごとにビショップがつく。

👑【キング（リーダー・司会役）：1名】
気候や天候に応じてその日のプログラムを立て，スタッフにも伝える。

♟【ビショップ（盛り上げ役）：3名】
参加者が万一他の方にとがめられるような事をしそうになったときに，さりげなく軌道修正する。何でも参加者に聞いて，褒めて敬う。参加者の表情をよく見る。

♞【ナイト（準備・後片付け役）：1名】 片付け手伝い，ウロウロ組対応。

♙【ボランティア】 ウロウロ組対応。

✂ 必要な道具・材料・予算

着替え上下，腕カバー（手さし），タオル，帽子，長靴など，カマ，クワ，茶，コップ，一口菓子，座るためのシートやイス。一回分予算約2,000円

ある日のスケジュール

前日もしくはプログラム前に，用具や飲み物などを用意。他のスタッフにも分かりやすく説明。スタッフにして欲しいこと，参加者にして欲しいことを伝える。

- 13：30　用具準備
- 14：00　外仕事が好きな方から着替えてもらう。帽子・手袋・長靴装着。
- 14：15　畑へ。草取りする場所を指定。カマなどを渡す。何挺出したか確認。
- 14：30　一休み
- 14：40　片づけを考慮しながら仕上げ。
- 14：50　部屋に戻り，手を洗い着替える。
- 15：00　おやつ

配慮すること・安全対策

- 畝（うね）をまたいで歩かれる参加者が多いので，畝の向きに注意し，広めに取る。通路になる地面は広く平らにする。
- 踏んで欲しくないもの，刈って欲しくないものには，あらかじめ周りを囲うなどの対策を立てておく。それでも踏まれたり刈られたりした場合も決して責めない。自分の畑ではないのに，一生懸命仕事（参加）してくださる皆さんに感謝の気持ちを忘れない。
- カマ，クワなどは出す際に置き忘れ防止のため，数をチェックし，刃物を持った参加者のそばにはスタッフがつく。

評　価

脳活性化訓練プログラム評価スケールから見る評価（17点満点）

◆Kさん（男性・82歳）参加前評価**9点** ⇒ 参加後評価**15点**
- 満面の笑みを浮かべて参加される。最後まで参加され，お手伝いしたりしてくださった。

プログラム評価・参加者の様子

- 畑のベテランにはそれぞれのこだわりがあり，大切な宝物の時間となっている。
- 思わぬ発見があるので参加者の話をよく聴く。
- 真夏でも「寒い」という方が，太陽の下で身体を動かすと「暑い！」と自ら脱いでくださる。
- 送迎車中に外を見て，「大根の種をまくには早い！」とか「遅い！」など季節をピッタリ当ててしまう。園芸をきっかけに瞳がキラキラし，雄弁になる。
- 「やったことがないけど何かさせて」という人もいる。仕事（プログラムに参加）していることで，自分にできることを探し出す方もいたり，仕事があるといきいきされる。
- それぞれに自分にあった時間を過ごされ，社会の縮図のようにも感じられる。

シアター（映画鑑賞）プログラム　　一斉プログラム

入浴プログラムのあとに行う，ゆっくりのんびりプログラム

🎯 プログラムの目的・ねらい

入浴はとてもエネルギーを使うもの。入浴のある週は，入浴後にプログラムをすると集中力がなく，テンションも下がるので，シアタープログラムでゆっくりのんびり過ごしていただく。

😊 プログラムスタッフの想い・心がまえ

ポスターを貼って映画館のような会場づくりをし，参加者が「あーよかった！」と思える映画を選ぶ。

ある日のシアタープログラム
ワーナー樫の森

活動季節　通年　春 夏 秋 冬
活動時間　13：15～15：00
活動場所　ホール　参加人数：40名

🔍 活動内容

最近ではアニメ特集や刑事ものなど種類豊富に上映している。ゆっくりのんびりが一番のプログラム。

👤 運営のポイント・スタッフの役割

👑【キング（リーダー・司会役）：1名】
♗【ビショップ（盛り上げ役）：1名】
♘【ナイト（準備・後片付け役）：1名】

✂ 必要な道具・材料・予算

・上映作品（レンタルDVD・ビデオ）
・DVDプレーヤーまたはビデオプレーヤー
・スクリーン，プロジェクター　・映画ポスター

🕒 ある日のスケジュール

13：00　準備（スクリーン・プロジェクター・イス等の会場セッティング）
13：15　開場（ホールへの誘導），本日上映作品の紹介，上映中の注意事項
13：25　上映開始
14：00　お茶の時間
14：55　上映終了。映画の感想などを聞く

配慮すること・安全対策

- 映画館のようにポスターを貼るなど雰囲気づくりをする。
- 長時間じっとしているので部屋の温度に気を配り，水分補給が重要となる。
- 居眠り組への見守りの徹底が必要。イスから転落しないように，肘かけのついた椅子を用意する。
- 転倒防止に，機材電源コードの目隠しをする。
- ウロウロ組への特別席をつくっておく。
- 他の方が集中できなくなるため，上映中に飽きてしまいお話をはじめる方には入浴時間を配慮する。
- 最初のころは，樫の森で取りためていた，イベント時のビデオ鑑賞をしたり，「愛染かつら」を流していたが，参加者も世代交代があり，チャンバラは嫌という方もいるので，様々な種類の映画を用意している。

今まで上映した作品タイトル

- 「宮本武蔵」「柳生十兵衛」「桃太郎侍」など時代劇特集
- 「もののけ姫」「紅の豚」などアニメ特集
- 「トラック野郎」「忠臣蔵」など笑いあり，涙あり特集
- 「北野作品」「Shall We ダンス？」など話題作特集
- 「男はつらいよ」「大奥」など新春特集
- 「ウォーターボーイズ」「ビーチボーイズ」など夏先取り特集
- 「学校の怪談」「四谷怪談」「牡丹灯篭」など恐怖映画特集

評　価

脳活性化訓練プログラム評価スケールから見る評価（17点満点）

◆Tさん（女性・86歳）　参加前評価11点　⇒　参加後評価14点
- 笑顔が増えて自己主張をなさる。

◆Kさん（女性・65歳）　参加前評価12点　⇒　参加後評価17点
- 最後まで参加されて，笑顔がとても増えていた。

◆Kさん（男性・78歳）　参加前評価9点　⇒　参加後評価9点
- 基本的に映画はのんびりご覧になられるものなので，評価が変わらない人もいる。

プログラム評価・参加者の様子

- 昼食後のプログラムでもあり，居眠りする会員さんが何人かいる。
- 集中している方も多く，俳優さんなどの名前を言っている方もいる。
- うとうとしている方もいるが，1番良いラストシーンは皆見ている。それだけでもとても満足しているようである。

習字プログラム　一斉プログラム　個別プログラム

好きな人がのんびりと書いて満足
展示作品を通じてコミュニケーション

🎯 プログラムの目的・ねらい

習字が好きな方にのんびりと書きたいだけ書いて，満足していただく。

😊 プログラムスタッフの想い・心がまえ

好きな方にはどんどん書いていただくが，嫌な方は見学だけでもよい。自由に過ごしていただく。

字を書くことは得手不得手もあり，書きたくない人は徹底的に書きたくないもの。参加者の中には小さな頃の環境により，字を書くことに疎遠であった方もおられる。一斉プログラムの中でも，個別プログラム（クラブ活動）的に取り組む。

✏️ プログラム例

色紙に書いて，花や葉を貼り，きれいに仕上げる。はがきにも挑戦。書初めでは条幅紙に大きく書く。

📝 関連プログラム

クリニック総務課（暑中見舞い，年賀状など）で使用するものや造形プログラム（はがき・色紙に花や葉を貼る），文化祭（秋），書初め（冬）などで発表するものもある。

ある日の習字プログラム
リラックスして書こう！

活動季節	通年　春 夏 秋 冬
活動時間	（午前1時間）11：00～12：00
活動場所	ホール　参加人数　15～20名

🔍 活動内容

お手本を選んで，見ながら漢字・かな・カタカナを自由に毛筆で半紙に書く。

😊 運営のポイント・スタッフの役割

字を書くことの難しい人や拒否も多いので無理強いはしない。できあがった作品は食堂や廊下・ホールへ展示。はがきは総務などで使用。書いた人の自信にもつながる。

👑【キング（リーダー・司会役）：1名】

♗【ビショップ（盛り上げ役）：1名】　お手本にはない字を書き，場を盛り上げる。夢中になりすぎている人に声をかけ，一服してもらう。

♘【ナイト（準備・後片付け役）：2名】　ウロウロ組の対応。

🕐 ある日のスケジュール

11：00　全員ホールへ移動し，開始。8名ずつ順番に，書きたい人だけ自由に書いてもらう。見学の方は椅子に座り静かに見ている。
11：30　水分補給で一服。また書きたい人は書く。
11：55　終了。

✂ 必要な道具・材料・予算

半紙・色紙・はがき・条幅紙・書初め用紙など。硯，墨（墨汁1本450円），文鎮，下敷き，筆，お手本，新聞紙，雑巾。半紙20枚100円・色紙1枚80円・条幅紙100枚3000円位。

🏥 配慮すること・安全対策

・夢中になりすぎて熱が上がったら大変なので，声をかけて一服していただく。
・お手本をよく見ても，棒や点を忘れる方もいるので，プライドを傷つけないようにやさしくやんわりとお伝えする。手を取って一緒に書くこともある。

評　価

脳活性化訓練プログラム評価スケールから見る評価（17点満点）

◆Kさん（男性・78歳）　参加前評価　3点　😠　⇒　参加後評価　6点　😊
・不安そうな顔から笑顔を見せるようになった。
◆Oさん（女性・82歳）　参加前評価　9点　👵　⇒　参加後評価14点　👵
・プログラムに触発され，別のことをしたり，他の会員さんを誘ったりしている。
◆Wさん（女性・85歳）　参加前評価　9点　😟　⇒　参加後評価13点　😊
・笑顔を見せながら，職員や参加者に話しかけたり，質問されるなど，自己主張をされる。

プログラム評価・参加者の様子

・とても熱心に10枚も書かれる方，1枚さっさと書いて終わる方，時には書き順の質問も出る。
・後ろに見学の人が多いので緊張する時間。書いているときは集中のあまり笑顔は見られないが，できあがりをほめられたり，皆さんに拍手をもらうと満面の笑顔になる。
・女性お2人で手をつないでホールへ来られ，隣同士でほめあいながら書いておられるほほえましい場面もあった。
・好きな方はどんどん書かれるし，それを見学されている方は拍手をしたり批評をしたり，とてもいい雰囲気。私も書いてみたいと意欲も出てくるようだ。「たいしたもんだね。皆きれいな字を書くね」「しっかりした線だね」「大きくてどっしりしているね」「墨の香りもよい」と参加者はほめ上手である。
・書かなくても見学して拍手をしたり，展示を見て会話が生まれたりと活性化につながっている。
・スタッフが書くと参加者はとても喜び，じっと見ている。
・作品はすべて自宅に持ち帰り，座敷に飾ったり仏様に上げたりして，満足感に浸っているのではないかと思われる。ケアマネージャー訪問時に「ばあちゃんが習字するなんて知らんかった。いい字書いてるね」と言われるなど，家庭での会話にもつながっている。

入浴プログラム 〔個別プログラム〕

装飾で季節を感じ，音楽を聴きながら楽しく

🎯 プログラムの目的・ねらい

体重測定，洗体，洗髪，入浴，皮膚観察などの清潔を保つことや整容であるが，装飾で季節を感じてもらい，音楽を聴きながら楽しく入浴していただく。毎月第一日曜から始まる1週間に行う。

💭 プログラムスタッフの想い・心がまえ

事故のないように，温泉のような雰囲気で，施設らしくない入浴を目指す。

📝 関連プログラム

シアター，手芸クラブなど

ある日の入浴プログラム

樫の森温泉

活動季節	**通年** 春 夏 秋 冬
活動時間	10:00～12:00，13:00～15:00
活動場所	浴室，アトリエ（整容）
参加人数	16～25名

🔍 活動内容

「汗を流してさっぱりと」「梅雨の不快を洗い流そう」「温泉には新緑がいっぱい！」「春の訪れを感じよう！」など月々でテーマを決めている。

😊 運営のポイント・スタッフの役割

脱衣場，浴室が施設らしくなく，銭湯や温泉のような雰囲気になるよう，装飾などを工夫する。保清目的だけでなく，湯に浮かべる季節のものなどを用意し，楽しいお風呂というのを第一に考える。

👑【キング（リーダー・司会役）：1名】　中心になり，浴室の装飾を考える。入浴介助。

♗【ビショップ（盛り上げ役）：2名】　入浴介助，会話など。

♞【ナイト（準備・後片付け役）：1～2名】　入浴しない人・待機している人の見守り。

👤【ボランティア】　整容で現役の美容師さんが週2～3日来てくださる。

樫の森スタッフでは人員が充分ではないので，地域のマンパワーを活かし，有償ボランティア団体などから午前・午後，2級ヘルパーを2名ずつ派遣してもらい，着脱衣を主に任せている。

必要な道具・材料・予算

ボディソープ，シャンプー，タオル，入浴剤，ラジカセ，装飾品，水分補給用の清涼飲料水。装飾に関する材料費2000円〜3000円。

ある日のスケジュール

10：00〜12：00（午後は13時から）
　　　　声かけ，トイレ誘導。
　　　　脱衣，体重測定，浴室へ移動，洗体，洗髪（皮膚観察も）
　　　　入浴
　　　　退浴・水分補給
　　　　着衣
　　　　整容

配慮すること・安全対策

・とにかく転倒がないこと，溺れないことに注意。
・お風呂は，一般浴に手すりがついている程度なので，歩行・移動時に介助する。
・入浴を拒否される方への対応が一番難しい。無理強いはしないように，時間をずらして入浴してもらったり，看護師の協力を得て「背中を見せてください」などと声かけにも工夫している。

評価

脳活性化訓練プログラム評価スケールから見る評価（17点満点）

◆Yさん（女性・79歳）　参加前評価　6点　⇒　参加後評価11点
・初入浴。気持ちよさそうだった。

◆Tさん（女性・77歳）　参加前評価　7点　⇒　参加後評価　9点
・午後，映画を見ていたところをお誘いしたので，評価がそれほどあがらなかったようだ。

プログラム評価・参加者の様子

・「昼から温泉に入れて嬉しい」という感想や，のぼせるのではと心配になるぐらい「まだ入っていたい！」との声もある。
・懐メロに合わせて歌ったり，装飾を見てスタッフと会話をしたり，水分補給のスポーツドリンクをとてもおいしそうに召し上がる方もいる。
・入浴を待機している方や入浴プランのない方は，封筒づくりや折り紙などの手仕事やカラオケ，午後からのシアタープログラムの映画を楽しむ。
・ラジカセに合わせて歌ったり，装飾に興味を示したりと良い反応がみられる。
・お風呂好きの方が多いようで，入浴を拒否される方以外はスケールで高得点になる傾向がある。

手芸クラブ　個別プログラム

しゃべって手を動かして脳を活性化。
バザー出展品をつくり社会貢献も

🎯 プログラムの目的・ねらい

楽しくおしゃべりしながら，手を動かすことで脳を活性化。昔，得意だったことを思いだし，自信を持っていただく。バザーに出し，売れるものをつくれる達成感を味わう。

💟 プログラムスタッフの想い・心がまえ

できてもできなくても，見学もOK。その日の気分で参加していただく。「やりたい人」のご希望を第一に材料などご用意する。縫い目が粗かったり，角が合っていなくても，とにかくできあがったものに対してほめる。

✏️ プログラム例

刺し子のふきんづくり，編物（冬），折り紙，はがきづくり。

📝 関連プログラム

造形プログラム（バザーに向けた作品づくりなどイベントと連携）。

ある日の手芸クラブ

刺し子・折り紙・編み物

活動季節	**通年** 春 夏 秋 冬
活動時間	（ほぼ毎日）9：00～11：00，13：00～14：00
活動場所	主に食堂　参加人数　2～10名

🔍 活動内容

手芸好きな方のテーブルにスタッフが出向く。材料や作品を見せて，個々にやりたいことを始める。いつのまにか輪が大きくなる。

👤 運営のポイント・スタッフの役割

・作品には名前を書かず，そのとき楽しんでいただけることを優先し，作品の所在にこだわらないことも多い。ときには，制作した方のお名前をご本人の許可をいただいて大きく書くこともある。
・できあがった作品は皆から見える場所にきれいに展示する。
・折にふれてほめ，ご家族にも活躍を伝える。

👑**【キング（リーダー・司会役）：1名】** キング自身がつくりたいもの，やりたいこと，必要なものを紹介する。定番の刺し子などは飽きないように新しい図案を取り入れるなど，常に工夫が必

要。手芸店をまわったり，参加者にうかがったり，新しい情報を欠かさない。
【ボランティア】 施設見学者でお好きな方がいたら参加。

必要な道具・材料・予算

【折り紙】折り紙(いろんな種類・サイズ・包装紙で手づくりすることも)，はさみ，ボンド，のり，ひも
【刺し子】さらし（10m巻（1反）約800円），刺し子用具，針，鉛筆
【編物】 編み棒，毛糸
※材料や道具は，毎月発行の広報誌「樫の森から」の「ゆずってください」コーナーに掲載し，集める。のりなどは他のプログラムから流用。

ある日のスケジュール

13：00 昼食，ティータイム，歯磨き後，Aさんが道具を広げて折り紙。スタッフが道具を持って一緒に始める。
13：10 Bさん，Cさんも「わたしもやりたいわ」と参加。それぞれ役割を分担したりしておしゃべり，お茶を飲みながら楽しむ。
14：00 「ゲームが始まるのでやめましょう」とスタッフが声をかけて，片付ける。

配慮すること・安全対策

・はさみ・のりの数を確認して出し入れする。
・針は基本的に参加者の前にまとめて出さない。使用する時には1本ずつ渡して必ず糸をつけておく。
・異食のある方にはスタッフが寄りそう。
・先週のことを覚えていられない方には，毎回初めてするのが当然なように声かけをする。
・片麻痺などがある方には紙を押さえる，題名を考えていただくなどの形で参加。

評価

プログラム評価・参加者の様子

・毎月，個別の評価はしていない。個別の通所リハビリテーション計画書などに記載し，ケアマネージャー，ご家族と情報を共有している。
・好きなことなので思いきり集中できるようにする。
・ご自宅でもやりたいとお持ち帰りになる方もおり，ご家族も家でできることがあってもよいと，おおむね協力的。
・集中し過ぎて他のプログラム中もしてしまう方もいる。ご本人の希望に沿う。
・昔なじみの仕事を好きなもの同士，少人数で和気あいあいと行うので，新しく入られた方でもなじみやすい。主に女性の方なので，子育ての話，嫁の話で盛り上がる。
・バザーで販売する手芸クラブの作品は大好評である。

リサイクルクラブ　個別プログラム

誰にでも楽しく取り組め，作品が役に立つので意欲が増す

🎯 プログラムの目的・ねらい

楽しくおしゃべりしながら，手を動かすことで脳を活性化。やったことのない作業も細分化することで，誰にでも楽しく取り組める。できあがったものが実際に使用されるので意欲が出る。

💟 プログラムスタッフの想い・心がまえ

「コスト削減のために，捨てるものを再利用する」だけでなく，「環境にやさしく人に役立つものを美しく生み出す姿勢」で臨み，無理強いはしない。

一度にたくさんの手順を説明せず，切る，折る，のりづけするなど一つひとつお願いする。できあがったものが非常に役立つことをくり返し説明し，満足していただく。

つくっている最中や実際に使用している方（事務職員など）から希望や感想を聞き，次回作に活用する。

✏️ プログラム例

リサイクル封筒づくり，牛乳パックのイスづくり，メモ紙づくり。

📝 関連プログラム

造形プログラムと組み合わせて，はがきなど備品づくり。特に包装紙をいただいたときなど。

ある日のリサイクルクラブ

リサイクル封筒づくり

活動季節　**通年** 春 夏 秋 冬
活動時間　9:00〜11:00，13:00〜14:00
活動場所　主に食堂　参加人数　2〜10名

🔍 活動内容

いただいた包装紙で封筒づくり。今では定番プログラムとなり，道具と材料を出すと自然に手が伸びてくる。

👤 運営のポイント・スタッフの役割

「事務長からの依頼で使用するために100枚必要」というように，具体的に制作する数などを

お伝えして，参加者のやる気を引き出す。
♛【キング（リーダー・司会役）：1名】 ビショップ・ナイトを兼ねることもある。
♟【ボランティア】 誰でもできるので声をかけて参加してもらう。

✂ 必要な道具・材料・予算

古包装紙，のり，はさみ，折り紙，マジック（赤），封筒の型紙。予算は0円。
＊古包装紙は，月々の広報誌「ゆずってください」コーナーでお願いする。のりなどは他のプログラムから流用。

🕒 ある日のスケジュール

9：00　到着後，バイタルチェック。お茶を一杯飲んだところで，テーブルに包装紙を運ぶ。
　　　　スタッフや参加者が赤マジックで型紙を取り，はさみで切っていただく。
　　　　角をあわせることができる方に折り跡をつけていただく。底と脇をのりづけする。
　　　　折り紙でワンポイント飾りをつけたり，スタンプを押す。途中，適宜お茶やおしゃべり。
11：00　「午前のプログラムが始まるのでやめましょう」と声をかけて片付ける。

➕ 配慮すること・安全対策

・はさみ・のりの数は確認して出し入れする。
・紙をたたむ際，フチで手を切らないように声かけをする。
・「角がきちんとあわなくてもいいですよ」と伝え，完璧を求めず，折に触れてほめる。使えないものができても作業に集中できればそれでよい。
・でき上がり線が見えるように太目の赤のマジックを使用。型取りのとき，黒だとお葬式っぽいので赤が良い。

評　価

プログラム評価・参加者の様子

・毎月，評価はしておらず，通所リハビリテーション計画書などに記載し，ケアマネージャーやご家族と情報を共有している。
・今では定番プログラムとなり，道具と材料を出すと皆さん自然に手が伸びる。
・常に需要があるので材料不足だが，材料があるとエンドレスで集中し，皆さんがとてもはりきる。
・見るだけの方もリラックスしておしゃべりで参加してくださる。
・制作した封筒は，スタッフも利用しているので，参加者たちも「俺がつくったものだ」と喜んでいらっしゃる。

おばけやしき　🅰 イベントプログラム

恐怖感より，子どもを守る満足感を得るプログラム

🎯 プログラムの目的・ねらい

そもそもは，暑い夏を涼しく過ごしていただくために企画したプログラム。ところが参加者はさすが年の功，驚きません。そこで近所の子どもたちを招待したところ，参加者は子どもたちを守るのに夢中。現在ではお年寄りの恐怖感よりも，年長者としての満足感をくすぐるプログラムとなっている。

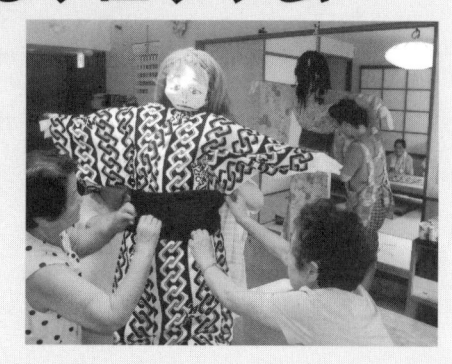

😊 プログラムスタッフの想い・心がまえ

心臓発作を起こさぬよう，事前のバイタルチェックをしっかりとする。安全に気を配りつつも参加者にそれを必要以上に感じさせず，安心しておばけやしきを味わっていただけるよう心がける。

ある日の	活動季節	通年　春　**夏**　秋　冬
おばけやしき	活動時間	14：00～15：00
	活動場所	主にホール

🔍 活動内容

ものづくり，着せ替え，メイクなど，さまざまなアクティビティの要素が含まれているおばけやしき。地域の子どもたちと交流できるプログラム。

👤 運営のポイント・スタッフの役割

造形プログラムで一週間かけて「おばけやしき」の装飾をつくる。

👑**【キング（リーダー・司会役）：1名】** 樫の森全体を常に見渡す。

♟**【ビショップ（盛り上げ役）：4名以上】** 誘導役（1名）：車椅子に座った参加者とともにおばけやしき内を一周する。盛り上げるために驚き声をあげる。
おばけ役（3名以上）：事前に「おばけミーティング」を行い，お互いの動きを確認しておく。

♞**【ナイト（準備・後片付け役）：2名】**
入り口番：順番待ちの参加者を見守り，体調の最終確認をする。

✂ 必要な道具・材料・予算

おばけの衣装，怖い雰囲気の展示物（造形プログラムで制作）や音源，懐中電灯，車椅子
＊経費は造形プログラムで負担。

ある日のスケジュール

14:00　おばけやしき開館のあいさつ。ゲストの子どもたちを紹介。
14:05　体調確認。
14:05～14:50　参加者，子ども，誘導係（スタッフ）の3名1組で，おばけやしきをまわる。
　　　　　　　その後体調を確認し，子どもたちを元気づける。

配慮すること・安全対策

①参加者の通る道を確保しながら，おばけやしきのコースを設定する。
②コースの床には一切物を置かない。
③道の壁にある展示物は触ってもバランスが崩れないようにしっかり固定する。
④コース内での移動は全て車椅子を使用し，必ず誘導係がマンツーマンで行う。
⑤おばけの動きを全てのスタッフが事前に確認しておく。

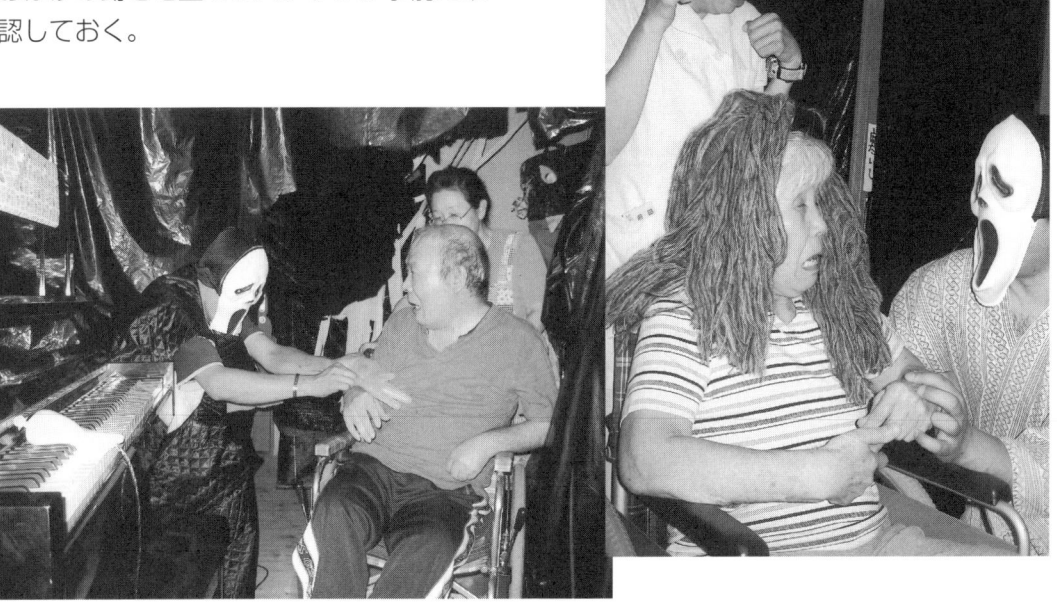

評価

プログラム評価・参加者の様子

・おばけやしき内だけでなく，廊下や食堂にも飾りつけがなされているので，自然と周りの方々の会話にもおばけの話題が出る。
・毎年お盆～8月末頃におばけやしきを行うので，「（亡くなった）うちのだんなも来てるかも」などと言う方もいらっしゃる。
・実際に怖がるのは1～2割の方。自分が怖がるよりも，むしろ怖がる子どもたちを守ることのほうにエネルギーを注いでいる。マズローの欲求階層説の，「安全への欲求＝自分や家族を危険から守りたい。社会的欲求＝人から愛されたい。自我欲求＝自信を持ちたい，尊敬されたい」などが刺激されていると推察される。

運動会 イベントプログラム

参加者の得意なことで見せ場をつくり，達成感を得ていただく

🎯 プログラムの目的・ねらい

認知症レベルにおいても，身体状況においてもさまざまな段階の方がいらっしゃるので，得意な競技を行い，見せ場をつくる事で，より達成感を得ていただく。

💗 プログラムスタッフの想い・心がまえ

特に男性は「いいところを見せよう」といった意識が強いので，興ざめにならぬように注意しながらしっかりと見守りを行う。

📝 関連プログラム

造形プログラムでポスター，かざりなどを制作。

ある日の **運動会**	活動季節　通年 春 夏 **秋** 冬 活動時間　11：00〜15：00 活動場所　ホール，食堂

🔍 活動内容

脳活性化訓練，手足の運動，それぞれに通じるミニゲームを組み合わせ，2チームに分かれて団体戦を行う。

👤 運営のポイント・スタッフの役割

1〜2週間ほど前から造形プログラムと連携してポスターや装飾を作成。参加者たちの運動会に対する期待感を高める。

♛**【キング（リーダー・司会役）：1名】**

♝**【ビショップ（盛り上げ役）：2名】**　ビショップの2名は紅白各組の団長となり，各競技に出る会員さんの指名，盛り上げなどを行う。キングとビショップが両方の役割を担うことになる。

♞**【ナイト（準備・後片付け役）：2名】**　ナイトが多ければ多いほど，ダイナミックな競技が行える。

♟**【ボランティア】**　ナイト役で関わる。

✂ 必要な道具・材料・予算

はちまき，イス，パン各40個，風船6個，棒（自立するもの）2本，巻け巻けセット2本，パンを吊るすもの3個，お手玉紅白各100個，玉入れ用カゴ2個，ラジカセ1台，音源，ホワイトボード，トロフィー2本など　＊風船など常備していない場合は予算に入れる。

第2章　アクティビティプログラム実践紹介

🕐 ある日のスケジュール

- 11:00　開会式。準備運動
- 11:10　フーセンリレー
- 11:20　棒たおし
- 11:30　水分補給
- 11:40　巻け巻けレース
- 11:50　途中経過発表。午前の部終了。
　　　　昼食，休憩
- 14:00　軽めの準備運動
- 14:05　パン食い競争
- 14:30　水分補給，スタッフレース
- 14:40　玉入れ
- 14:50　結果発表，表彰式，閉会式

➕ 配慮すること・安全対策

- 秋，涼しい時期に行い，準備運動は入念にする。
- ナイトは多めに配置。
- 滑らないようにくつ下を脱いでいただく（施設内では上ばきを使用していないので）。
- イスや床に座って行える競技を考える。
- さまざまな難易度のゲームを用意し，対戦相手にも同じレベルの方を指名する。
- スタッフが競技に参加することでドキドキワクワクの場面をつくり，盛り上げる。

評　価

脳活性化訓練プログラム評価スケールから見る評価（17点満点）

◆Oさん（女性・73歳）　参加前評価**10**点 😐 ⇒ 参加後評価**15**点 😊
- Bさんの面倒をしっかりとみて参加される。

◆Tさん（女性・75歳）　参加前評価**11**点 😣 ⇒ 参加後評価**17**点 😊
- 満面の笑顔を見せてくださり，他の方に話しかけたりしていた。

プログラム評価・参加者の様子

- 午前，午後を通してのプログラムはこの運動会のみなので，「イベント感」が非常に高い。参加者たちも心なしかウキウキされている。
- 運動会ではいい意味で周りの雰囲気に流されるようで，普段動くことやリハビリを億劫に思っている方でも，競技の代表に指名されるとついがんばってしまうことが多く見られる。
- 団体戦なのでチームの結束が高まる。男性ははりきる。パン食い競争はどんな方でもチャレンジしてくださる。みなさん負けず嫌い。
- 参加者の一体感を高めることにも一役買っていると思われる。

野外レクリエーションプログラム

イベントプログラム

普段は体験できないプログラムで参加者の新しい一面を発見

🎯 プログラムの目的・ねらい

天気が良ければ一年中いつでも行える。普段の生活と異なる環境を設定することで刺激となり，参加者の新しい一面の発見を目指す。

😊 プログラムスタッフの想い・心がまえ

参加者にできることはなるべくしてもらう。

📄 関連プログラム

レクリエーション，デイキャンプ，料理と組み合わせることもできる。

ある日の**野外レクリエーションプログラム**	活動季節　**通年** 春夏秋冬
カレーライス	活動時間　（3時間）10：30～13：30 活動場所　外庭

🔍 活動内容

カレーライスを食べる会。調理，盛り付け，後片付けなどの各場面でやりたい活動，できる活動をしてもらいながら，皆で楽しむ。

第2章　アクティビティプログラム実践紹介

運営のポイント・スタッフの役割

普段と違う雰囲気の中で手づくりの食事を楽しめるようにする。
昼食も兼ねているので，調理の方（栄養科）にも入ってもらう。（2名）

♛【キング（リーダー・司会役）：1名】
♝【ビショップ（盛り上げ役）：2名】
♞【ナイト（準備・後片付け役）：2名】

必要な道具・材料・予算

テント，炭，まき，ブロック，テーブル，イス，ブルーシート，食材（カレー粉・肉・ジャガイモ・にんじん・ナス・とうもろこし・ウィンナー）など，予算約20,000円（100人：参加者+スタッフ他）

ある日のスケジュール

材料班と外班に分かれ，材料班はジャガイモ・ナス・にんじんなどの準備。外班はテント・テーブル・コンロの準備。

10:00　材料班準備始め
10:30　外班準備始め
11:20　調理開始
12:00　盛り付け・食事
13:00　後片付け

配慮すること・安全対策

・参加者の移動場所と火の場所をなるべく離す。
・個々に合わせた対応。
・栄養士にも参加してもらい，食材に関する配慮は欠かさない。

評価

プログラム評価・参加者の様子

・久しぶりに調理できる喜びで，包丁を持ってはりきる方や，「なんだか軽井沢に来たみたい」という方もいらした。
・役割が決まっているので流れがよく，楽しいムードをそのままに進めることができる。
・おとなしい元教師の男性。いつも外に出てこられるが参加はされないので「他のプログラムに参加しませんか？」とお誘いしたら，大きな声を上げて怒られた。見ているのがお好きということを知った。
・帰宅願望の強いある方も，調理の様子をじっと見たりお話をされたりと，食への強い関心が感じられる。

バザー　イベントプログラム

ご家族や地域に喜んでいただき，施設のPRにもなる

🎯 プログラムの目的・ねらい

普段なかなかお会いできないご家族と会うこともでき，親近感がUP！参加者とご家族の間にも共通の会話が生まれる。地域の方や子どもたちに，認知症の方や施設を理解していただくチャンスでもある。「バザー用につくりましょう！」のキングの声で各関連プログラムに活気と充実感が加わる。

💗 プログラムスタッフの想い・心がまえ

笑顔・笑顔・笑顔！　そして元気に楽しむ。

📋 関連プログラム

手芸クラブで手芸品を製作。料理プログラムで梅干づくり。習字，レクリエーション，造形プログラムでは案内板やのぼり旗などを作成。

ある日のバザー

- 活動季節　通年　春　夏　秋　冬
- 活動時間　10：30〜15：00
- 活動場所　食堂，ホール，中庭など

🔍 活動内容

手芸品や梅干などの販売や，リサイクルショップ（洋品・雑貨など施設利用者や地域の皆さんからの寄付品の販売）や，焼きそばやたこ焼きの販売もある。

👤 運営のポイント・スタッフの役割

・利益が目的ではなく，あくまでも参加者やご家族，地域の皆さんに喜んでいただくためのものなので，格安で計算しやすいような単価に設定する。
・その年のバザーのリーダー（キング）が調理人，売り子，食券担当，玄関などの担当を割り振る。焼きそばやたこ焼きは主に男性スタッフと院長先生。手芸品は手芸クラブのキング。玄関ではきれいどころがお出迎え。食券は数字に強いナースがほぼ毎年担当。
・看護学生や仕事や研修などで知り合いになった方，普段から来てくださっているボランティアなどもお手伝い大歓迎。

✂ 必要な道具・材料・予算

売り場づくりは施設内にあるものでまかなう。調理スペース（焼きそばやたこ焼き）を中庭につくるので，タープ，プロパンガス，鉄板，たこ焼き器などをセット。

会計は，原則としてお客様に窓口まで来ていただくが，事情を考慮し柔軟に対応。

当日までのスケジュール

①年中行事，気候，地域の行事，去年の反省をふまえて，年間計画作成時におおよその日程を決める。
②関連するプログラムのキングはバザーを考慮して年間計画を立てる。他の科にも連絡，調理担当（栄養科）などにも協力依頼する。
③1カ月ほど前にチラシを作成し，広報する。それまでに販売品も決定。スタッフの持ち場と手順を確認し，販売品の仕上げや値札を作成する。造形プログラムでの案内板やのぼり旗の作成など，各プログラムで参加者ができることを進めておく。
④前日。デイケア終了後，会場準備。試食，値札つけ，打合せ。
⑤当日。最終打合せ。
　10：30〜15：00　バザー

配慮すること・安全対策

・玄関は道路に面しているのでスタッフを配置。車椅子でも楽しめるように食堂や売り場の配置を工夫する。
・靴をまちがえないよう，メモとペンを用意し，ご自分の靴に入れてもらう。
・ご家族や友達連れでいらっしゃるので，安全面ではほとんど問題はないが，お連れの方が車を取りに行かれる間など，参加者が1人になるときはスタッフがいつものように対応。
・食品は持ち帰り禁止。
・火気の取り扱いには細心の注意を払う。

評価

プログラム評価・参加者の様子

・送迎で会うお兄ちゃん（スタッフ）に会いにきてくれるお孫さんやひ孫さん。夫そっちのけで古着コーナーへ入るマダム。普段なかなか買い物に出かけられないという方がお友達と来られたりする。
・普段施設ではなかなか昼食を召しあがらない方が，ご家族と一緒だと安心しきった表情でスムーズに食事をされていた。皆さん和やかでとても嬉しそうだった。
・朝一番は売り場にお客様があふれんばかりで，売り子が悲鳴。お昼前からヤキソバコーナー大忙し。ようやく落ちつく頃に，リサイクルコーナーの投げ売りセールがはじまり，ねばっていたお客さんたちが大喜び！とお客さんの笑顔が絶えなかった。

誕生会　イベントプログラム

自分の存在とよいところを認めてもらえるハッピープログラム

🎯 プログラムの目的・ねらい

お誕生日の方に，みなさんの前でご自分の話をしていただき，自分の存在を認めてもらう。主役の方のよいところを，みなさんに知っていただく。

😊 プログラムスタッフの想い・心がまえ

主役の方が涙が出るくらいに，幸せの言葉の花束でお祝いしてあげたい。来年の誕生日も元気で迎えられるように心を込める。

📋 関連プログラム

よいところさがし。手芸クラブで作った折り紙の花や，造形プログラムのカードなど。

ある日の **誕生会**	活動季節	通年 春 夏 秋 冬 毎月
	活動時間	10～15分
	活動場所	食堂（おやつの時間）やホール（レクの前後）

🔍 活動内容

いつでも，どこでもできるが，料理プログラムやレクリエーションプログラムの前後に実施。3時のおやつ用のお菓子をつくることが多いので，おやつの前に行うこともある。

👤 運営のポイント・スタッフの役割

軽すぎず，重すぎず，尊敬の気持ちを伝える。
- 👑【キング（リーダー・司会役）：1名】
- ♣【ビショップ（盛り上げ役）：2名】
- ♘【ナイト（準備・後片付け役）：2名】
- ♟【ボランティア】　楽器が弾ける方，歓迎です。

✂ 必要な道具・材料・予算

画用紙，写真プリント代（できればお誕生日用に写したもの。季節感を入れて撮影。またはプログラム中のよい表情の写真を用意）。

ある日のスケジュール

写真つきの手づくりカードに，スタッフからのお祝いの言葉を書いておく。
「Happy Birthday」の歌に一人ずつ名前を入れながら歌う。
お祝いの言葉に加え，キングが質問やコメントを言う。
お誕生日のお年寄りからみなさんに挨拶や自分の話など，お礼の言葉を言っていただく。手芸クラブで作ったお花をプレゼントする。

13：00　カラオケ（ホール）
13：45　お誕生会（前に出てきていただく）
13：50　カードを読む
13：55　「Happy Birtyday To You」を歌う
14：00　お礼の言葉，お花プレゼント
14：05　レクリエーションプログラム
15：00　おやつ

配慮すること・安全対策

・椅子に座っているので，動きはほとんどないが，感激して立って挨拶する方もいるので，立ったり，座ったりするときの見守り役が必要。
・お話ができない方は，スタッフが代わりに気持ちを想像して話す。年齢を人前で言ってよいか，カードを読む前に本人に聞く（しかしお祝いの言葉の中に「●●歳おめでとう」と書いてあるのを読んでしまうことがよくあるが，誰も怒らない）。

評価

プログラム評価・参加者の様子

・スケール評価はしない。
・嬉しそうに出てくる人，なかなか出てこない人がいるが，いくつになっても笑顔は出る。「こんげ（こんな）歳まで生きてめでたくもねぇ」と言われるが，お礼の言葉を言っている顔はかわいらしい。
・お誕生日の方の年齢を聞いて自分と比べている様子。お祝いの言葉を聞いて，「へぇ～」とか「すごいね」と，どんな人なのか興味津々の様子。「Happy Birthday」の曲はみなさん歌える。
・誕生会の後，1人でカードを見ていると，同じテーブルの方が「どれどれ」と見に来る。写っている写真をほめたり，お祝いの言葉を読んだり，お誕生会の余韻が残っている。
・家族の方に「お誕生会をしてもらった」と喜んで言ってくださる方もいるが，忘れている方のほうが多いと思われる。
・「こんなにほめていただいて」とお誕生カードを読んだ感想をお便りに書いてくださる家族もいる。
・スタッフも家族の方も，参加者の人生やよいところを見つめ直すことができる。

プログラム年間計画表（一覧）

プログラム		4	5	6	7	8	9	10	11	12	1	2	3
	テーマ												
	ねらい												
	内容												
	テーマ												
	ねらい												
	内容												
	テーマ												
	ねらい												
	内容												
	テーマ												
	ねらい												
	内容												
	テーマ												
	ねらい												
	内容												
	テーマ												
	ねらい												
	内容												
	テーマ												
	ねらい												
	内容												
	テーマ												
	ねらい												
	内容												
	テーマ												
	ねらい												
	内容												
	テーマ												
	ねらい												
	内容												

第3章
アクティビティプログラム実践Q&A

高齢者施設でのアクティビティプログラムを計画したい方や，取り組むうえで内容や運営方法に悩んでいる方の疑問に樫の森の現場で活躍中のプログラムスタッフが答えます。

Mさん	Wさん	Kさん	Hさん
女性・37歳	女性・28歳	女性・52歳	男性・37歳
介護歴10年	介護歴10年	介護歴10年	介護歴10年

質問1 一人ひとりに対し，平等に接しなければと思うのですが，時間がなくて難しいです。

●限りなくマンツーマン対応を心がけ，その人に合わせた楽しみ方を提供しましょう。

「限りなくマンツーマン対応」をお勧めします。スタッフと参加者が一対一で過ごすことではなく，一人ひとりに合わせた対応を心がけることです。一日に全員の個別対応は難しいのですから，一週間や一カ月単位で計画してみてはいかがでしょうか。

みんなで取り組む「一斉プログラム」でも，ゲーム系プログラムなら必ず1人一回は参加できる（主役になる）場面を用意します。製作系ならその人が部分参加できる作品を考えてみましょう。大切なのは一人ひとりの楽しみ方を見つけ，提供することです。

「今日はこの人」とターゲットを絞るのもよいでしょう。「今，この方にはこんな対応が一番！」というタイミングや必要性があるはずです。例えば，帰りたくて玄関で大騒ぎのAさんがいて，他の方もざわざわしているという場面では，Aさんに「一番に送りますから」と帰りの車に一番に乗っていただくなどの対応です。

あまりに公平さを大事にするために「思い切ったことができない」とプログラムに悩まれる方もいらっしゃいますが，私たちは不公平を恐れないプログラムを目指すことで，一人ひとりにあった対応を心がけています。（参考17頁）

質問2 季節に沿ったプログラムをと考えていますが，その場しのぎになっています。

●テーマやねらいを決めることで安心感が生まれます。無理せずに楽しむことが大切。

おおよその年間，月間の計画を立ててみませんか。一種類のプログラムも季節感や地域の行事を取り入れたテーマとねらいを決めて，展開してみましょう。

例えば「ティータイムプログラム」を年間で考えてみます。「ゆかいな仲間で，思い出話をしよう」という年間テーマを掲げ，4月「お花見の思い出」，5月「学生時代の思い出」，6月「雨の思い出」など，月ごとの「ねらい」を決めます。そうすることで，プログラムに一年間のつながりができ，ねらいがはっきりすることでプログラムに安定感が生まれます。

毎年，季節は巡ってくるので，無理せずに同じ季節に同じプログラムを積み重ねていけば，前の年より少しずつよいものを提供できるようになるものです。

人生を生き抜いてこられた大先輩に子どもだましのプログラムは通じません。スタッフの個性から生まれた本物志向のプログラムでなければ，人の心に響かないのです。提供するスタッフが自分の好きなものを「プログラム化」し，自信を持って楽しむことが大切です。

プログラム以外の業務を見直してみることが不可欠です。1分，5分と時間的に余裕を生み出す努力がプログラムの内容を充実させます。他業種と連携をはかり，効率化できる部分はどんどん実行しましょう。

第3章　アクティビティプログラム実践Q&A

質問3　介護職として，レク担当の日はとても不安に感じます。参加の皆様に楽しんでいただきたいのですが，樫の森スタッフの心構えはどのように違うのでしょうか？

●理念やねらいなどを見直し，プログラムで何を伝えたいのか振り返ります。

　人前に出ることが苦手なスタッフが，自分の興味のないプログラム担当になりました。自信のなさが表れたのか，場が盛り上がりません。プログラムを振り返り，何を伝えたいのか目的やねらい，段取りを考えました。プログラムに自信と興味を持って取り組め，参加者にも楽しさが伝わり，場の雰囲気が変わりました。

　樫の森ではスタッフ全員で，毎朝，下記の理念を唱和しています。その理念を認識した上で，スタッフが好きなことをプログラムにしています。極端な表現をすれば，自分の好きなことを押し付けるようなところもありますが，スタッフ自身が楽しいと思わなければ，参加者に伝わらない！　本気で遊ぶ！　という心意気で取り組んでいます。

川瀬神経内科クリニック　理念

私たちは，健康に働ける今日に感謝し，病に悩む人々に明るい笑顔と温かい心で奉仕いたします。

樫の森　理念

私たちの大切にしている心，
スタッフが持っていてほしい心，
会員さんと共有してほしい心，とは，
　一つ　とらわれない心
　一つ　つながりを求める心
　一つ　自分らしさを磨く心

　孤軍奮闘では上手くいきません。プログラムの目的やねらいを全スタッフが理解している必要があります。また，プログラム内容に迷ったときなど，目的などを明確に記している計画表（元に戻れる場所）があると先に進みやすく，前向きな考え方ができます。

質問4　アクティビティ専門のスタッフを置くことは施設の現状から難しいのですが，よいアイデアはありませんか？

●好きなものをプログラムにし，他のスタッフやボランティアはサポート役を担います。

　現状では，ほとんどの施設でスタッフに余裕がないと思われます。私たちは，各スタッフが一番自信のある，夢中になれるものをアクティビティプログラムとして提案しています。

　自分が中心となって行うプログラムのときは，他のスタッフが盛り上げ役（ビショップ）やウロウロするお年寄りの対応役（ナイト）をしてくれます。また，自分も他のスタッフがプログラムを行うときはサポートに入りつつ，介護をします。全スタッフが自分の担当すべき役割を自覚して行動することは，参加者の安全確保の面でも欠かせません。

　ボランティアをお願いするのもよいでしょう。ただ，その方に責任を持ってもらうことや参加者の状態把握は難しいので，場の盛り上げ役（ビショップ）として参加いただきます。

　参加者を先生（キング）に，スタッフが習うという姿勢でもよいのではないでしょうか？例えば，子どものころの食べ物の話など，スタッフが知らないことを教えていただくと，とても盛り上がります。

質問5 アクティビティプログラム企画の発想のヒントはどこから？
どのように？

●**自分の興味のあることやテレビ番組やおもちゃ，遊びからヒントを得ています。**

　　自分の趣味などを活かし，自分が一番楽しい，やりたいこと，興味あることをプログラム展開します。その中から参加者にもできそうなことは何かと常に五感を使い，アンテナを張って周りを見て，情報を集めます。生活のすべてがプログラムにつながります。

　　テレビ番組や子どものおもちゃ・遊びなどからヒントを得ます。あとは書物などを参考にして，こうしたらもっと楽しいとか，工夫・味付けをしてみてはいかがでしょうか。

質問6 毎日のプログラムを計画・実行するのは大変ですし，認知症の方にはのんびりと過ごしていただきたいと思いますが…。

●**その人らしい時間を無理なく楽しく提供できるように，1週間同じプログラムを行います。**

　　認知症の方が施設で一日中，何もせずに座っておられるのは大変ですし，その人らしい人生を送っているとは言えません。家族もスタッフも認知症の方も，本当にそのような日々を過ごしたいでしょうか？　手前味噌のようですが，樫の森で行われているアクティビティプログラム＝脳活性化訓練は，認知症の方にとってよい効果が表れています。(14頁参照)

　　一週間同じプログラムを続けることでスタッフも日々成長し，土曜日には一番盛り上がりうまくいくというのが常です。プログラムは自分ひとりで抱えこむのではなく，スタッフ間のつながりを大事にし，皆で協力しあって，得意分野のプログラムを少しずつ行ってみるとよいと思います。そしてスタッフも無理なく，「楽しむこと」が大切です。

質問7 計画を立てる時間がないのですが，樫の森ではどうなさっていますか？

●**頭に浮かんだこと，見たこと，好きなことをメモ！　ただし安全対策はじっくり考えます。**

　　自分がリラックスしているときにふっとアイデアが浮かんだり，テレビ，新聞，書店，街中でヒントを得たりします。大事なことは，自分の好きなこと（もの）を活かしてつくることです。そこから，良いアクティビティプログラムは誕生します。何より，楽しいことや趣味などは忙しくてもしっかりやり遂げられるし，時間はつくれるものです！

　　担当プログラムを決めて集中することで，深く考えられるようになります。
　　頭の中で考えた計画は「プログラム計画シート」に書き込んで，会議にかけて，スタッフで共通認識を得ます。皆で認識することで「リスク」も見えてきます。楽しいプログラムを計画するためには，危険を防ぐことも必要です。

第3章　アクティビティプログラム実践Q&A

質問8　どのような症状の方にどのプログラムが向くのですか？

●同じ人でも日によって違いますし，向き不向きは，症状よりも性格，好み，生活歴などが影響します。

　これは十人十色。答えなどありませんし，自分たちスタッフで発見するしかありません。同じ人でも日によって違いますし，認知症の方は，一日一日が新しい始まりなのです。

　プログラムの向き不向きは認知症の症状よりも，性格，好み，生活歴などの方が影響があると思います。またプログラムの流れの中に，スタッフの予想とは異なる楽しみがあるはず。頭で考え過ぎないで，やってみて，次にまた考える。実行あるのみです。お年寄りは正直で，嫌ならその場にはいません。

　意外な発見があることもあるので，思わぬ宝が埋もれてしまわないように，この人にはこのプログラムは無理と決めつけずにおすすめします。「この人がこんな反応を見せるんだ！」「こういうのが好きなんだ！」と発見することも多くあるはずです。ゆっくり時間をかけて，参加者一人ひとりの個性や嗜好を見つけてください。

質問9　男性に喜ばれるアクティビティプログラムはなんでしょうか？

●身体を使ったゲームや仕事的なものがお好きなようですが，男女は関係ありません。

　スタッフの持っていき方次第です。「男性だからこのプログラム」とは決めつけずに提供してみましょう。また，お願いの仕方にもよると思いますが，男性の方が「仕事」として真面目に取り組んでくださることが多いと思います。

　料理，造形などでも，笹団子の生地をこねる，釘を打つ，のこぎりで切るなどの力仕事などは，はりきって参加してくれます。「大工仕事などは男の出番だ！」という気持ちもあるのでしょうが，やはり体を使ったゲームや仕事的なものがお好きな様子です。

質問10　アクティビティの予算がないのですが，どのような工夫をしていますか？

●手元にある材料，道具から内容を考えたり，広報誌や口コミで寄付を募ることも。

　まずは「今，手元にある材料を利用してできることは何か？」と，感性と発想をフル活用して工夫しましょう。予算がかかるけれど参加者が是非なさりたいとおっしゃることは，一人で考えるのではなく，色々な方の力を借りて解決策を考えましょう。

　参加者やスタッフに声をかけると，家の中などで眠っているものを寄付してくださったり，リサイクル品などが集まり，十分利用できることもあります。

　広報誌で「○○が欲しいので譲ってください」とお願いしたり，やりたいこと，やっていることを外部の方に発信しています。ぜひ事業所が心を一つにして行動してみましょう。

73

質問11 動きのあるダイナミックなアクティビティは場所がなくてはできないと思ってしまいます。

●プログラムごとに机やイスを移動し，時には地域の体育館や公園も利用します。

　ダイナミックなアクティビティ＝広い場所ではありません。小さいスペースでも可能という，発想の転換で，プログラムごとに机を移動しながら，設定をつくり変えています。

　体育館やグラウンドなど身近な社会資源を利用したり，公園など広い場所へおでかけをしてみるのもよいでしょう。そのためには，早めの計画や事前に下見しておくことが必要です。そうすることで臨機応変な変更にも対応しやすいものです。

質問12 施設がとても狭いので，アクティビティで制作した物を飾る場がないのですが。

●車椅子や寝ている方の目線を参考に，玄関，トイレの壁，廊下，時には天井，中庭にも飾ります。

　壁にこだわらず，玄関，トイレ，廊下，テーブルの上にちょこんと置くなど，飾り場所はどこでも。壁の高い位置や天井，中庭まで使っています。樫の森では，一番人通りのある長い廊下は皆が眺めることができるベストプレイス。あるスタッフは，廊下の天井を飾ることに凝っていて，そこを作品の発表の場にしています。

　座って過ごす方，寝て過ごす方の目線をよく見て，展示します。立って仕事をしているスタッフの視点を変えてみることは大切です。時には，「ここに飾るものをつくりましょう」というアプローチをしてみてもよいのではないでしょうか。

質問13 地域交流の一つとして，子どもに来てほしいのですが，イベントのみの付き合いになっています。

●イベントのみでもよいので，数ヶ月に1度のお付き合いから始めましょう。口コミも効果的！

　3～4カ月に一回でもいいから，あんまり気負わず，細くとも長いお付き合いを継続できたらいいですね。それには連絡担当を決めて，相手の方と調整していくことが大切です。お互いに慣れてくるとスムーズに運べるようになると思います。

　イベントも回を重ねると口コミでじわじわと広がるようで，思わぬ人が来てくれます。樫の森のおばけやしきには，毎年，幼稚園児をお誘いしています。卒園してからも来てくれたり，家族を誘って来たり，年々参加者が多くなっています。イベントのみでも大変結構だと思いますし，それを定期的に企画できていればいいのではないでしょうか。

質問14　ボランティアがなかなか根付かないです。ボランティアにもっと来てほしいのですが…。

●施設をご理解いただき，地域・学校・ご家族をまき込んだお付き合いを。

　施設の理念などがはっきりと伝わっていないと長続きしません。樫の森では，ボランティアに参加される皆様向けに簡単なお願いごとの配布物を用意しています。

　ボランティアは来てくださるだけでありがたいもの。事情で来られなくなったとき，「またぜひ来たい」と思っていただけたら，次につながるのではないでしょうか。

　ご近所の学校を大切にし，授業の一環としてお付き合いしていただきましょう。またスタッフや参加者のご家族も引き込みます。ご家族は，ストレス解消にとボランティアをやってくださいます。スタッフの子どもたちが来ると会員さんは大喜び。子どもの力には勝てません。

質問15　プログラム評価の必要性がわかりません。大変ではないですか？

●参加者個人を知る情報となりますし，プログラムの質の向上にかかせません。

　私たちも最初はそう考えていましたが，今では評価なしでは，次に進めないと考えています。長い期間，一人の方の評価を見てみると，参加当初と比べて評価の点数が上がっているというデータがとれました。参加者ごとにどのようなプログラムが合うのかということも明白になり，参加者の心を読むための大切な資料になっています。

　プログラムの質を高めるためには，内容を振り返り，反省し，次のステップにつなげる必要があると思います。評価は参加者の成績表ではなく，プログラムスタッフの成績表です。ステップアップには不可欠ですので，できることから始めてみませんか。

質問16　在宅で認知症ケアをしている家族に対して，どのような対応をなさっていますか？

●施設やスタッフがご家族にとってリフレッシュできる信頼関係になれるよう努めています。

　介護するご家族のケアも大切です。家族内で全部抱え込まないよう，相談できる人を見つけるお手伝いをしたいもの。時にはスタッフも相談相手になります。話をたっぷり聞いてさしあげることで，リフレッシュできて元気になり，やさしく接することができます。しかし一番簡単なことのようで時間がなく，なかなかできないことでもあります。まずはご家族の逃げ場となれるような信頼関係をつくりましょう。

　連絡帳をつくって，日々の思いのたけをつづっていただき，こちらから返事をするご家族もあります。時には直接お見えになったり，電話で話をすることも。ケアマネージャーとの情報交換も行いながら，「ほっとする」場をご家族に提供できたらよいですね。

共同研究報告

「脳活性化訓練プログラム評価スケール」による評価について
―脳活性化訓練（アクティビティ）プログラム評価をつくる―

医療法人社団　川瀬神経内科クリニック　理事長　川瀬康裕
高崎健康福祉大学　健康福祉学部　医療福祉情報学科　講師　児玉直樹

　人間の脳は，「右脳」と「左脳」で役割分担をしているとの見方がある。
　右脳は左脳に比べ，非言語的直感，注意力，表情の認知，全体把握，空間・身体感覚，創造力などの働きに関わりが大きいとされている。認知症高齢者の感性を刺激し右脳を刺激することで，「笑顔」「つながり」「集中力」「達成感」「創造力」「意欲」が湧き出る芸術療法には，認知機能改善効果が期待できる。
　職場での役職や，資格から脱皮したプログラムスタッフの感性が生き生きと解き放たれて，新しいプログラムが生まれる。高齢者の反応がスタッフの創意工夫を生み，相互の交流が次々と展開しプログラムが進化する。だからこそもう一方で自己満足にならぬよう客観的な評価法が必要である。われわれはこの課題について次のような取り組みを行った。

（1）脳活性化訓練プログラム評価スケールの作成

　脳活性化訓練施設「樫の森」では各プログラムを実行し反省・評価を行ってきたが，これらは主観的で客観性に乏しいと感じていた。現時点で全国の施設においても客観性の高いプログラム評価法というものは存在せず，経験的に評価していると思われる。脳活性化訓練をより効果的にするには客観性の高いプログラム評価方法を創案し，個々の高齢者に適したプログラムを選び，プログラム改良を続けることが大切だと考えた。そこで日ごろから高齢者に接しているプログラムスタッフ全員と議論を重ね，最終的に脳活性化訓練プログラムに対する6軸のキーワード「楽しみ，つながり，達成感，集中力，創造性，体調・意欲」を選定し，これに基づくプログラム評価法を開発した。評価法は6軸のキーワードを考慮し，独自に作成した12項目による採点法である（表1）。

表1　脳活性化訓練プログラム評価スケール

プログラム名		AM・PM	評価日	年　　月　　日　　曜日			
会員氏名		様	評価者				
1.身体症状の訴えがなく，機嫌がよい				1	ある	0	なし
2.笑顔をみせる				1	ある	0	なし
3.他の会員さんを誘ったり，一緒に楽しんだりする				1	ある	0	なし
4.プログラムのお手伝いをしたり，道具に手を出したりと関心のある行動をとる				1	ある	0	なし
5.プログラムに触発され別のことをしたり，言われたこと以外のことをしたりする				1	ある	0	なし
6.その人らしい自己主張をする				1	ある	0	なし
7.悩みながらも，一生懸命取り組んでいる				1	ある	0	なし
8.ぼんやりしている，無表情である				1	なし	0	ある
9.不安そうな表情をみせる				1	なし	0	ある
10.職員や会員さんに話しかけたり，質問したりする				1	ある	0	なし
11.最後まで参加する				1	ある	0	なし
12.心地よい疲労感が見られる				1	ある	0	なし
					合計		点

評価法の有用性調査のため，樫の森に通所中の36名の高齢者を対象に評価を行った。

評価期間は平成14年4月から6月までとし，本評価法の他に，MMSE（＊），高齢者の生活状況調査（表2）を実施した。生活状況調査では，高齢者の属性，保健行動・疾患，社会・心理問題，生活能力に関して26項目について調査を行った。評価を行ったプログラムは，室内レクリエーション，料理，童具，ミュージック・ケア（加賀谷式音楽療法）の4プログラムとした。また，MMSEスコアにより，21点以上を軽度認知症群，11～20点を中等度認知症群，10点以下を重度認知症群と分類した。

表2 高齢者の生活状況調査票

会員氏名		様	調査者
1．属性	性別	男性 ・ 女性	
	年齢		
	育ち	町育ち ・ 田舎育ち	
	兄弟の有無	有（　　人兄弟の　　番目）・ 無	
	最終学歴		
	一番長い職歴		
	CDR（＊）	0 ・ 0.5 ・ 1 ・ 2 ・ 3	
	通所歴	ヶ月	
2．保健行動・疾患	喫煙習慣	現在吸っている（一日　　本）・やめた・吸わない	
	飲酒習慣	有 ・ 無	
	運動習慣	有 ・ 無	
	脳障害の既往	有（疾患名　　　　　　）・ 無	
	合併症の有無	有（疾患名　　　　　　）・ 無	
3．社会・心理問題	一人暮らし	有（　　　　年）・ 無	
	子供の数	有（　　　　人）・ 無	
	結婚歴	有（　　　　回）・ 無	
	現在の配偶者	有 ・ 無	
	近所付き合い	多い ・ 少ない	
	家族との会話	多い ・ 少ない ・ 無い	
	外出状況	よく出かける ・ 出かけない	
	家族での役割	持っている ・ 持っていない	
	趣味	有（　　　　　　　）・ 無	
	他のデイサービス	有 ・ 無	
4．生活能力	見えにくさ	有 ・ 無	
	聞こえにくさ	有 ・ 無	
	移動能力	自力歩行 ・ 車椅子	

脳活性化訓練プログラム評価スケールの平均得点とMMSEスコアとの間で統計的に有意な相関が認められており，本評価法の客観性が認められた（78頁図1）。また，全てのプログラムにおいて重度認知症群と中等度認知症群，軽度認知症群との間で統計的に有意な差が認められた（78頁図2）。

＊MMSE（ミニメンタルステート検査）：知的機能検査（質問式）
＊CDR（臨床認知症評価尺度）：日常生活における行動能力を考慮して判定。

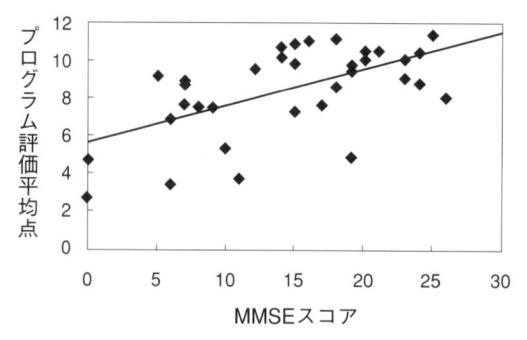

図1　脳活性化訓練プログラム評価スケールの平均得点とMMSEスコア

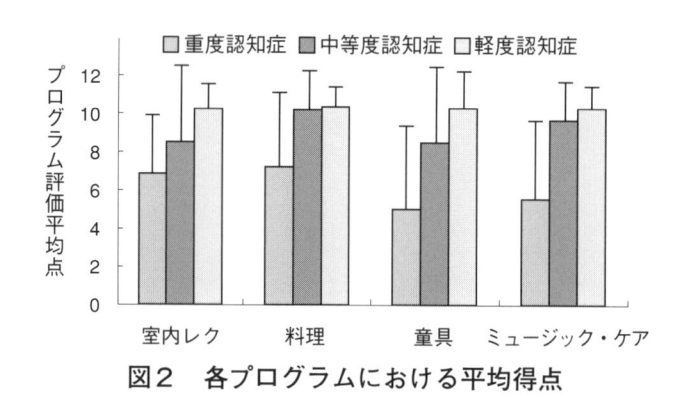

図2　各プログラムにおける平均得点

また，生活状況調査より全プログラムに共通して，下記の項目で統計的に有意な所見を認めた。
① 女性の方がすべてのプログラムにおいて平均得点が高かった。
② 独身で近所付き合いのある高齢者の得点が高かった。
③ 家庭で役割を持っている高齢者の得点が高かった。

プログラム別では，以下の項目で有意差を認めた。
① 室内レクプログラムでは外出をよくする高齢者の得点が高かった。
② 料理プログラムでは長女である高齢者，趣味を持つ高齢者は得点が高かった。
③ 童具プログラムでは最も長い職歴が農業や鉄工所などであった高齢者の方が，教師やセールスマンなどであった高齢者に比べて得点が高かった。
④ ミュージック・ケア（加賀谷式音楽療法）では難聴のない高齢者の得点が高かった。

この結果から脳活性化訓練プログラム評価と，生活聞き取り情報を組み合わせることで高齢者に一層効果的なプログラムが選べるものと考える。

（2）脳活性化訓練プログラム評価スケールの改良

前出の評価法は12項目12点満点で，高齢者の認知機能が高いと差がつかなくなるという欠点があった。また「ある・なし」では割り切れず，採点者が評価をつけるのに悩んでしまう項目もあった。これらの欠点を修正し，採点者が評価をつけるのに特に悩む4項目について重み付けを行い，12項目17点満点の採点法に改良した。

表3 改良した脳活性化訓練プログラム評価スケール

プログラム名		AM・PM	評価日			年	月	日	曜日
会員氏名		様	評価者						
1.身体症状の訴えがなく，機嫌がよい						1	ある	0	なし
2.笑顔をみせる				3	2	1	ある	0	なし
3.他の会員さんを誘ったり，一緒に楽しんだりする						1	ある	0	なし
4.プログラムのお手伝いをしたり，道具に手を出したりと関心のある行動をとる						1	ある	0	なし
5.プログラムに触発され別のことをしたり，言われたこと以外のことをしたりする						1	ある	0	なし
6.その人らしい自己主張をする					2	1	ある	0	なし
7.悩みながらも，一生懸命取り組んでいる						1	ある	0	なし
8.ぼんやりしている，無表情である						1	なし	0	ある
9.不安そうな表情をみせる						1	なし	0	ある
10.職員や会員さんに話しかけたり，質問したりする					2	1	ある	0	なし
11.最後まで参加する					2	1	ある	0	なし
12.心地よい疲労感が見られる						1	ある	0	なし
					合計				点

　新たに樫の森に通所することになった9名の新規会員さんに改良した評価法を実施した。
　評価期間は平成16年3月から6月までの3カ月間とした。
　脳活性化訓練プログラムを受けて，評価スケールの平均得点が有意に上昇した（図3）。脳活性化訓練初体験の新規の会員さんに対しても訓練が十分に効果的であることを示している。評価スケールの平均得点は，初回参加時5.3点，10回参加時8.3点，15回参加時9.3点と参加回数の増加に伴い平均得点が上昇していた（図4）。以上より改良した評価スケールは，新規会員に対する脳活性化訓練プログラムの有効性を効果的に評価できたと考える。

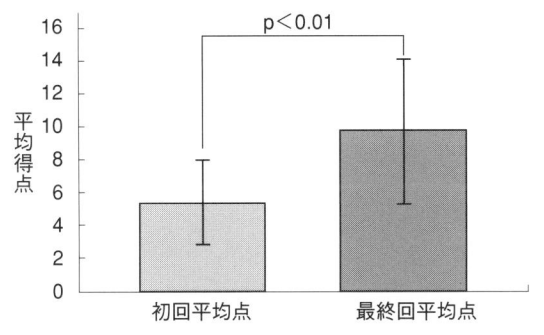

図3　初回平均点と最終回平均点の比較

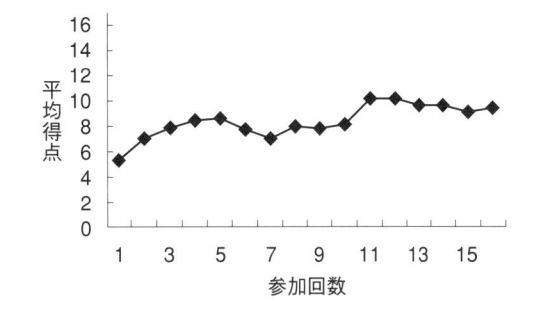

図4　脳活性化訓練参加回数と平均得点の推移

平成　年　月		樫の森　　AM かわせみ　PM		プログラム	確認印	院長　　　年　月　日 　　　　　印　PT		年　月　日 印　担当		

テーマ	内容	月曜日	火曜日	水曜日	木曜日	金曜日	土曜日	ねらい	予算
月間 年間									木
第1週		★○・ ★○・	★○・ ★○・	★○・ ★○・	★○・ ★○・	★○・ ★○・			
		★○・ ★○・	★○・ ★○・	★○・ ★○・	★○・ ★○・	★○・ ★○・			
第2週		★○・ ★○・	★○・ ★○・	★○・ ★○・	★○・ ★○・	★○・ ★○・			木
		★○・ ★○・	★○・ ★○・	★○・ ★○・	★○・ ★○・	★○・ ★○・			
第3週		★○・ ★○・	★○・ ★○・	★○・ ★○・	★○・ ★○・	★○・ ★○・			木
		★○・ ★○・	★○・ ★○・	★○・ ★○・	★○・ ★○・	★○・ ★○・			
第4週		★○・ ★○・	★○・ ★○・	★○・ ★○・	★○・ ★○・	★○・ ★○・			木
		★○・ ★○・	★○・ ★○・	★○・ ★○・	★○・ ★○・	★○・ ★○・			
第5週		★○・ ★○・	★○・ ★○・	★○・ ★○・	★○・ ★○・	★○・ ★○・			木

★……キング　　○……ビショップ　　・……ナイト

プログラムシート 樫の森・かわせみ 平成　　年度　　　月　　担当プログラム　　　　担当者：　　　　　院長印

年間テーマ	全体												個人
	4月	5月	6月	7月	8月	9月	10月	11月	12月	1月	2月	3月	
月間テーマ 内容・ねらい													

プログラム名　　　　キング：　　　　ビショップ：　　　　ナイト：　　　　　月　　日（　）〜　　月　　日（　）

AM・PM	月曜日	火曜日	水曜日	木曜日	金曜日	土曜日	
内容							自己評価
ねらい							
PT.OTコメント							PT／OT　　　　月　　日　　印
予算							
準備品							介護　　　　　　月　　日　　印
タイム 流れ	会員動き						
	キング動き				配置図：ホール・食堂・その他		看護　　　　　　月　　日　　印
	スタッフ動き						事務長　　　　　月　　日　　印
							院長　　　　　　月　　日　　印

プログラム名　　　　キング：　　　　ビショップ：　　　　ナイト：　　　　　月　　日（　）〜　　月　　日（　）

AM・PM	月曜日	火曜日	水曜日	木曜日	金曜日	土曜日	
内容							自己評価
ねらい							
PT.OTコメント							PT／OT　　　　月　　日　　印
予算							
準備品							介護　　　　　　月　　日　　印
タイム 流れ	会員動き						
	キング動き				配置図：ホール・食堂・その他		看護　　　　　　月　　日　　印
	スタッフ動き						事務長　　　　　月　　日　　印
							院長　　　　　　月　　日　　印

脳活性化訓練プログラム評価スケール（改良版）

整理番号 _____

プログラム名		AM・PM	評価日		年	月	日	曜日
会員氏名		様	評価者					

1．身体症状の訴えがなく、機嫌がよい		1　ある	0　なし
2．笑顔をみせる	3　2	1　ある	0　なし
3．他の会員さんを誘ったり、一緒に楽しんだりする		1　ある	0　なし
4．プログラムのお手伝いをしたり、道具に手を出したりと関心のある行動をとる		1　ある	0　なし
5．プログラムに触発され別のことをしたり、言われたこと以外のことをしたりする		1　ある	0　なし
6．その人らしい自己主張をする	2	1　ある	0　なし
7．悩みながらも、一生懸命取り組んでいる		1　ある	0　なし
8．ぼんやりしている、無表情である		1　なし	0　ある
9．不安そうな表情をみせる		1　なし	0　ある
10．職員や会員さんに話しかけたり、質問したりする	2	1　ある	0　なし
11．最後まで参加する	2	1　ある	0　なし
12．心地よい疲労感が見られる		1　ある	0　なし

合計　　　　　点

Copyright © 2002 by Kawase Neurology Clinic

おわりに

　私には夢がある。小児病院のクラウンのような，個性的で人をひきつけるプログラムスタッフが，パフォーマンスに必要な道具を持ち歩いて，認知症のお年寄りの中に入っていくと自然に和ができて皆の目が輝いてくる。周囲の木々や鳥や風が歌いだす。そんな風景だ。私が「樫の森」を立ち上げるとき考えたことは，施設の臭いをなくすこと，鉄筋でなく木造であること，光にあふれ楽しく遊べるところを目指した。

　私にはもうひとつの目標があった。認知症の経過は長い年月にわたる。現在の治療的介入は徐々に悪化する経過をゆるやかにすることを目指している。アルツハイマー型認知症は神経変性疾患でいつ病気が始まったかもわからず，しかし去年より少しずつ悪くなるという経過を取る病気だ。また認知症の症状は家族や周囲の環境とのダイナミックな関係性のなかでさまざまな問題行動として捉えられがちだ。病気の経過を判定する客観的評価を蓄積し，自然経過と介入効果を科学的に証明する必要がある。

　認知症はアルツハイマー型だけではない。脳血管性，レビー小体型，前頭側頭型などの疾患により脳はさまざまに傷害され，認知，行動に独特な変化がおきる。病者の人生も多様である。これに応えるには多様なプログラムとパフォーマンスが必要だ。脳リハビリの挑戦はこれからも続く。

医療法人社団　川瀬神経内科クリニック　理事長　川瀬康裕